权威·前沿·原创

皮书系列为
"十二五""十三五"国家重点图书出版规划项目

BLUE BOOK

智库成果出版与传播平台

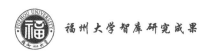
福州大学智库研究成果

闽商蓝皮书
BLUE BOOK OF FUJIANESE ENTREPRENEURS

闽商发展报告（2021）
ANNUAL REPORT ON FUJIANESE ENTREPRENEURS (2021)

福州大学
福建省闽商文化发展基金会 / 编
中国商业史学会
主　编 / 苏文菁　徐德金

社会科学文献出版社
SOCIAL SCIENCES ACADEMIC PRESS (CHINA)

图书在版编目（CIP）数据

闽商发展报告.2021／苏文菁，徐德金主编.－－北
京：社会科学文献出版社，2021.12
　（闽商蓝皮书）
　ISBN 978-7-5201-9083-1

　Ⅰ.①闽…　Ⅱ.①苏…②徐…　Ⅲ.①地区贸易经济
－经济发展－研究报告－福建－2021　Ⅳ.①F727.57

　中国版本图书馆CIP数据核字（2021）第193864号

闽商蓝皮书

闽商发展报告（2021）

主　　　编／苏文菁　徐德金

出 版 人／王利民
责任编辑／宋淑洁
责任印制／王京美

出　　　版／社会科学文献出版社·经济与管理分社（010）59367226
　　　　　　地址：北京市北三环中路甲29号院华龙大厦　邮编：100029
　　　　　　网址：www.ssap.com.cn
发　　　行／市场营销中心（010）59367081　59367083
印　　　装／天津千鹤文化传播有限公司

规　　　格／开本：787mm×1092mm　1/16
　　　　　　印张：13　字数：169千字
版　　　次／2021年12月第1版　2021年12月第1次印刷
书　　　号／ISBN 978-7-5201-9083-1
定　　　价／158.00元

《闽商发展报告（2021）》
编　委　会

主　　任　王光远（福建省政协副主席、福建省工商联主席）

副 主 任　付贤智（福州大学校长、中国工程院院士）

　　　　　李家荣（中共福建省委统战部副部长、福建省工商联
　　　　　　　　　党组书记）

　　　　　姚志胜（全国政协委员、福建省闽商文化发展基金会
　　　　　　　　　会长）

　　　　　王茹芹（中国商业史学会会长）

委　　员　陈　飚（福建省工商联党组成员、副主席兼秘书长）

　　　　　林腾蛟（全国人大代表、阳光龙净集团有限公司董事
　　　　　　　　　局主席）

　　　　　林荣滨（福建省政协常委、三盛集团董事长）

　　　　　陈国平（福建省政协常委、福建新东湖集团董事长）

　　　　　周永伟（福建省侨联副主席、福建七匹狼集团有限公
　　　　　　　　　司董事局主席）

　　　　　吴辉体［香港福建社团联会永远名誉主席、永隆兴业
　　　　　　　　　集团（厦门）有限公司董事长］

　　　　　阮卫星（福建省进出口商会会长、福建汇源国际商务

会展有限公司董事长）

魏明孔（中国社会科学院研究员、中国经济史学会会长）

龙登高（清华大学教授、华商研究中心主任）

周建波（北京大学教授、中国商业史学会副会长）

兰日旭（中央财经大学教授、中国商业史学会副会长）

苏文菁（福州大学教授、闽商文化研究院院长）

王凡凡（新华社高级记者、新华社福建分社原副总编）

主　　编　苏文菁（福州大学教授、闽商文化研究院院长）

徐德金（中新社福建分社社长）

撰　稿　人　（按文序排列）

邹挺超　林仙平　陈丽媛　陈丹妮　张　羽

叶秋云　林春虹　洪冷冷

学术支持单位

福州大学经济与管理学院

福州大学闽商文化研究院

《闽商文化研究》杂志社

中新社福建分社

主编简介

苏文菁 北京师范大学博士,福州大学教授,福州大学闽商文化研究院院长,"福建省重点智库培育单位"福建省海洋文化研究中心主任、首席专家。美国康奈尔大学亚洲系访问学者、讲座教授,北京大学特约研究员,全国海洋意识教育基地福州大学主任,全国商业史学会副会长,中国皮书研究院高级研究员,福建省海洋与渔业经济研究会理事会副会长。主要研究领域:区域文化与经济、海洋文化、文化创意产业。2016 年,策划出版国家主题出版重点出版物"海上丝绸之路与中国海洋强国战略丛书";2010~2016 年策划出版"闽商发展史"丛书十五卷。另外,近年来,主编"闽商蓝皮书""海洋文化蓝皮书"系列出版物,主编《闽商文化研究》杂志;出版专著《闽商文化论》《福建海洋文明发展史》《世界的海洋文明:起源、发展与融合》《海洋与人类文明的生产》《海上看中国》《文化创意产业:理论与实务》等;策划、主讲的"海洋与人类文明的生产"课程获评教育部首批精品在线开放课程,被"学习强国"首页多次推荐。

徐德金 中新社福建分社社长,高级记者;《闽商》杂志社社长、总编辑;享受国务院政府特殊津贴专家。福建省对外文化交流协会常务理事、福建省新闻工作者协会常务理事、福建省新闻学会第五届理事会副会长,华侨大学兼职教授。主编《跨越 40 年:闽商创业史》,获 2019 年"闽版好书";出版图书《宽阔的河流》。组织闽商论坛、闽商下南洋等大型学术、采访活动，参与"闽商蓝皮书"的出版撰写工作；为发展中国家青年创业研修班讲授"闽商在全球的事业版图"等专题课程数十场。曾获福建省首届双十佳新闻工作者荣誉称号。

摘　要

2020 年，面对新冠肺炎疫情以及复杂国际形势的挑战，闽商整体发展逆势上扬。无论是抗击新冠肺炎疫情，还是以科技创新引领产业发展，抑或是投身扶贫、助力全面建成小康社会，闽商都有不俗的表现。恰逢中国资本市场 30 周年，30 年来，闽商为 A 股贡献了一批新兴的实力雄厚的企业，越来越完善的中国资本市场也为闽商未来发展与扩张奠定了良好的基础。

从全球来看，尽管复杂的国际形势给闽商企业的发展，特别是在欧美等地的跨国发展带来了不确定因素，但全球化大势不可阻挡，在境内外闽商越来越紧密的交流与协作下，闽商企业全球化仍有较大空间。东南亚闽商传统优势明显、所受影响较小，随着 RCEP 的推进，国内闽商与东南亚闽商的往来协作将越来越密切，为闽商企业全球化打开了新的空间。

福建是我国食用菌生产大省，2020 年全省食用菌产量、出口量、出口额均位居全国第一，并实现食用菌产业全产业链总产值的千亿元突破。目前，福建已形成了一批全国有影响力的产业集中优势区，"福菌"品牌逐渐打响。与此同时，福建本土食用菌企业积极走出福建、布局全国，华绿生物、品品鲜、友和生物等省外食用菌龙头企业均有着"闽系"血缘，闽商在全国食用菌行业占据领先地位。

为更鲜明地体现闽商在各方面的发展情况，本书选取了山西闽商、夜色经济进行专题阐述。以山西省福建商会为纽带，在晋闽商形

成了一股团结而强大的商业力量，为山西带来了沿海地区的发展理念、促进了山西地方经济的发展，形成了矿业、建材、水产、水暖阀门、鞋服、汽配机械、茶业等多个优势产业。

在有关部门和闽商企业的共同推动下，福州积极投入夜色经济建设，探索"赏夜景、游商圈、逛夜市"经济新形式，已取得明显成效；2020年福州夜色经济建设进入改造提升阶段。

面对新冠肺炎疫情，中国（福州）国际渔业博览会勇于创新、转危为机，成功打造2020年全球首场高质量、高标准的全产业链渔业专业展会，为闽商会展业数字化和线上线下融合发展提供了典范。

关键词： 闽商　民营企业　全球化　新冠肺炎疫情

目 录

Ⅰ 总报告

Ⅱ 分报告

Ⅲ 专题报告

IV 附录

皮书数据库阅读**使用指南**

总 报 告

General Report

B.1
2021年闽商发展报告

邹挺超 *

摘　要：　2020年，面对新冠肺炎疫情以及复杂国际形势的挑战，闽商整体发展逆势上扬。无论是抗击新冠肺炎疫情，还是以科技创新引领产业发展，抑或是投身扶贫、助力全面建成小康社会，闽商都有不俗的表现。2020年，中国资本市场迎来30周年，30年来，闽商为 A 股贡献了　批产业新兴、实力雄厚的企业，越来越完善的中国资本市场也为闽商未来发展与扩张奠定了资本基础。尽管复杂的国际形势给闽商企业跨国发展带来了不确定因素，但全球化大势不可阻挡，在境内外闽商越来越紧密的交流与协作下，闽商企业全球化仍有较大空间。

---

* 邹挺超，《闽商》杂志社执行总编辑。

关键词： 闽商　新冠肺炎疫情　科技创新　资本市场　脱贫攻坚

    2020 年中国经济在艰难中开局，在圆满中收官。新冠肺炎疫情给全球经济带来巨大打击，也对中国经济产生很大的影响，但中国有效且有序地应对疫情，包括闽商在内的企业家积极复工复产，中国经济到 2020 年第二季度就已经回正。2020 年中国国内生产总值达 101.6 万亿元，按可比价格计算，比上年增长 2.3%。① 中国成为 2020 年全球唯一经济正增长的主要经济体。②

    2020 年也是中国"十三五"规划的收官之年。③ 在"十三五"期间，福建全省生产总值接连跃上 3 万亿元、4 万亿元台阶，年均增长 7.1%。④ 2020 年福建省实现地区生产总值 43903.89 亿元，比上年增长 3.3%。⑤

    中国经济的先抑后扬，福建经济的跃上台阶，为闽商发展提供了良好的环境。尤其是闽商民营企业，在 2020 年取得了长足的发展。2020 年，全省民营经济增加值为 3 万亿元，占全省 GDP 的近 70%，成为经济发展的主动力；贡献 70% 的税收，成为财力增加的重要源

---

① 《2020 年中国 GDP 首次超 100 万亿元！同比增长 2.3%》，中国经济网，http：// www.ce.cn/xwzx/gnsz/gdxw/202101/18/t20210118_ 36233616.shtml，2021 年 1 月 18 日。
② 《海关总署：2020 年我国成为全球唯一实现经济正增长的主要经济体》，"中国经济网"百度百家号，https：//baijiahao.baidu.com/s？id＝1688827207768015368&wfr＝spider&for＝pc，2021 年 1 月 14 日。
③ 《中华人民共和国国民经济和社会发展第十三个五年规划纲要》，中华人民共和国中央人民政府，http：//www.gov.cn/xinwen/2016－03/17/content_ 5054992.htm，2016 年 3 月 17 日。
④ 《2020 年福建省国民经济和社会发展统计公报》，福建省统计局，https：//tjj.fujian.gov.cn/xxgk/tjgb/202103/t20210301_ 5542369.htm，2021 年 3 月 1 日。
⑤ 《2020 年福建省国民经济和社会发展统计公报》，福建省统计局，https：//tjj.fujian.gov.cn/xxgk/tjgb/202103/t20210301_ 5542369.htm，2021 年 3 月 1 日。

泉；贡献 70% 的科技成果，成为创新型省份建设的最大动力；吸纳80% 的就业，企业数占 90% 以上，成为就业的最大主体。2020 年，全省新增民营企业 28 万户，增长 9.4%；截至 2020 年底，民营企业总计 145.1 万户，增长 12.5%。①

一　2020年度亮点：全球抗疫与闽商担当

2020 年新冠肺炎疫情是影响全球经济的一大因素，对国内外闽商发展也产生了巨大的影响。在抗击疫情中，闽商凸显责任与担当，无论是初期的捐款捐物，还是加班加点生产抗疫物资，抑或是疫情逐渐控制之后的复工复产，闽商都做出了应有的贡献。

在中共中央统战部、工业和信息化部、国家市场监督管理总局和全国工商联联合开展的"全国抗击新冠肺炎疫情民营经济先进个人"表彰活动中，福耀玻璃工业集团股份有限公司董事长曹德旺、福建恒安集团有限公司首席执行官许连捷、爹地宝贝股份有限公司董事长林斌获表彰。② 此外，在 2020 年公布的推荐名单中，安踏体育用品集团有限公司董事长丁世忠也是后备人选之一。

曹德旺在 2020 年 1 月通过河仁慈善基金会捐赠人民币 1 亿元，专项用于支持湖北省（7000 万元）、福建省（3000 万元）抗疫，2月再捐赠 4000 万元人民币，定向用于支持福州市抗击新冠肺炎疫情和助力小微企业发展；③ 许连捷除个人捐款外，还为湖北抗疫前线

---

① 《福建省民营经济基本情况》，福建省民营企业发展大会新闻素材，未刊稿。
② 《福建 3 名企业家荣获"全国抗击新冠肺炎疫情民营经济先进个人"称号，他们是……》，中新网福建，http://www.fj.chinanews.com/news/fj_rmjz/2021/2021-01-25/479629.html，2021 年 1 月 25 日。
③ 《福建 3 名企业家荣获"全国抗击新冠肺炎疫情民营经济先进个人"称号，他们是……》，中新网福建，http://www.fj.chinanews.com/news/fj_rmjz/2021/2021-01-25/479629.html，2021 年 1 月 25 日。

捐赠了大量纸巾、消毒湿巾、成人尿裤等物资,并转产口罩和防护服助力抗疫;林斌转产口罩,仅两个月时间,爹地宝贝就为福建全省提供了 5000 万只口罩,并向海内外捐赠了 600 多万只;① 安踏除向中华慈善总会捐赠 1000 万元现金外,还向湖北及福建援鄂医疗队捐赠价值约 2000 万元的羽绒服、保暖衣等物资,并设立了"新冠肺炎医护人员救助及奖励专项基金",救助一线医务工作者。②

疫情中,省外闽商表现也可圈可点。字节跳动创始人兼 CEO 张一鸣个人捐赠 1 亿元,加上这笔捐赠,至 2020 年 2 月 27 日,字节跳动公司捐赠达 3.91 亿元。③ 许多异地闽籍商会也在抗疫中挺身而出,在全国工商联通报表扬的"抗击新冠肺炎疫情先进商会组织"中,有 40 多家闽籍商会位列其中,除福建省内商协会 21 家外,还有北京福建企业总商会、天津福建商会、保定福建商会、晋城福建商会、内蒙古福建商会、辽宁福建商会、吉林福建商会、黑龙江福建商会、上海福建商会、徐州福建商会、连云港福建商会、盐城福建商会、镇江福建商会、嘉兴福建商会、台州福建商会、池州福建商会、江西福建总商会、河南福建商会、泌阳福建石材行业商会、湖北福建商会、湖北闽南商会、武汉莆田商会、宜昌福州商会、咸宁福建商会、广东福建商会、广西福建总商会、重庆福建商会、四川福建商会、甘肃福建商会、宁夏福建总商会等多家异地商会。④

---

① 《福建 3 名企业家荣获"全国抗击新冠肺炎疫情民营经济先进个人"称号,他们是……》,中新网福建,http://www.fj.chinanews.com/news/fj_rmjz/2021/2021-01-25/479629.html,2021 年 1 月 25 日。

② 《2020 闽商十大新闻》,《闽商》2020 年第 11/12 合刊,第 36 页。

③ 《2020 闽商年度报告》,《闽商》2020 年第 11/12 合刊,第 17 页。

④ 《全国工商联关于对抗击新冠肺炎疫情先进商会组织通报表扬的决定》,中华全国工商业联合会,https://www.acfic.org.cn/tzgg/202011/t20201125_248927.html,2020 年 11 月 25 日。

疫情中，海外闽商不仅积极捐款捐物，助力中国抗疫，更助力住在国抗疫，推动抗疫国际合作。据不完全统计，在疫情初期向中国捐款捐物的有马来西亚、菲律宾、新加坡、印度尼西亚、日本、韩国、美国、加拿大、英国、法国、德国、意大利、阿根廷、比利时、新西兰、泰国、越南、柬埔寨、南非、坦桑尼亚等国家和地区的闽籍侨胞。[①] 除了向住在国政府及相关部门捐款捐物助力抗疫外，海外闽商还成立各类互助小组及物资供应站等，向留学生及侨亲提供抗疫援助。

二 2020年闽商经济：科技创新改变闽商产业格局

2020年10月20日，胡润研究院发布"2020胡润百富榜"，宁德时代曾毓群以1200亿元财富问鼎福建新首富，[②] 在11月6日举行的2020胡润百富周年庆典暨最受尊敬的企业家颁奖晚宴上，曾毓群还获得"2020胡润百富年度人物"；[③] 而在11月5日发布的"2020福布斯中国富豪榜"上，曾毓群以1341.2亿元成为福建新首富，宁德时代副董事长黄世霖以607.2亿元位列福建第二。[④]

与此前的福建首富不同，2020年的首富并非出身于地产或闽商具有传统优势的行业，而是诞生于科技创新优势凸显的新能源领域，

---

① 《闽籍华侨华人踊跃捐赠款物支援抗疫》，中国侨网，https：//www. chinaqw. com/hqhr/2020 - 01 - 30/244333. shtml，2020年1月30日。
② 《2020年衡昌烧坊·胡润百富榜》，胡润百富，https：//www. hurun. net/zh - CN/Rank/HsRankDetails？num = QWDD234E，2020年10月20日。网站无时间
③ 《2020胡润百富年度人物：高瓴资本张磊、宁德时代曾毓群等上榜》，新浪网，https：//finance. sina. com. cn/tech/2020 - 12 - 09/doc - iiznezxs6101424. shtml，2020年12月9日。
④ 《2020福布斯中国富豪榜，宁德时代曾毓群以1341亿问鼎福建新首富》，搜狐网，https：//www. sohu. com/a/429695063_ 263868，2020年11月5日。

这表明当下闽商的"创富"路径正在发生变化。

2020年，宁德时代在资本市场大获青睐，年内股价涨幅达205%。12月21日，宁德时代总市值超过7000亿元，成为创业板首只7000亿元股，12月22日，市值更是一度接近7700亿元，超越中国石油进入A股市值前十。①

支撑市值的是市场地位。作为新能源汽车上游核心企业之一，宁德时代2020年蝉联全球最大动力电池企业，装车量34GWh，市场份额为24.82%，②并且自2017年以来，这个第一已经保持了多年。

宁德时代的市场地位与其创新能力分不开。宁德时代2020年度报告显示，其在电池材料、电池系统、电池回收等产业链关键领域拥有核心技术优势及可持续研发能力，其研发体系涵盖产品研发、工程设计、测试验证、工艺制造等领域，拥有电化学储能技术国家工程研究中心、福建省锂离子电池企业重点实验室、中国合格评定国家认可委员会（CNAS）认证的测试验证中心，设立了"福建省院士专家工作站""博士后科研工作站"。③截至2020年12月31日，公司拥有研发技术人员5592名，其中，拥有博士学历的有127名、硕士学历的有1382名；公司及其子公司共拥有2969项境内专利及348项境外专利，正在申请的境内和境外专利合计3454项。④此外，公司在建的21C创新实验室将对标国际一流实验室，研究方向包括金属锂电

---

① 《2020闽商十大新闻》，《闽商》2020年第11/12合刊，第37页。
② 《四连冠！宁德时代2020年动力电池装机量再登全球第一！》，搜狐网，https：//www.sohu.com/a/444658207_491253，2021年1月15日。
③ 《宁德时代新能源科技股份有限公司2020年年度报告》，东方财富网，https：//pdf.dfcfw.com/pdf/H2_AN202104271488223031_1.pdf？1619562251000.pdf，2021年4月27日。
④ 《宁德时代新能源科技股份有限公司2020年年度报告》，东方财富网，https：//pdf.dfcfw.com/pdf/H2_AN202104271488223031_1.pdf？1619562251000.pdf，2021年4月27日。

池、全固态电池、钠离子电池等下一代电池。①

福建首富的易位，以及宁德时代在 2020 年获得资本市场的青睐，从一个侧面反映出科技创新正在改变闽商的产业格局。

福建省统计局数据显示，2020 年，福建省工业战略性新兴产业增加值增长 4.5%，占规模以上工业增加值的比重为 25.6%；高技术制造业增加值增长 8.0%，占规模以上工业增加值的比重为 12.8%；创新驱动的产业占规模以上工业增加值的比重正在增长。②

数据也表明，闽商企业的科技创新能力正在加强。全省入库备案科技型中小企业 3527 家、省级高新技术企业 3748 家。新认定的国家高新技术企业 2946 家，总数 6481 家；新认定国家技术创新示范企业 1 家、国家企业技术中心 7 家、省级企业技术中心 113 家；新认定省科技小巨人领军企业 527 家，总数 2816 家。截至 2020 年底，有效发明专利 50756 件，同比增长 15.9%。全年共登记技术合同 10943 项，成交额 183.86 亿元。③

以科技创新为主导的数字经济更是近年来闽商发展的重点领域。2020 年是数字福建 20 周年，这一年全省的数字经济规模突破 2 万亿元，增长 15%，占 GDP 的比重达 45% 左右。福建省副省长郭宁宁在 2021 年 3 月 19 日举行的第四届数字中国建设峰会有关情况发布会上表示，预计到"十四五"末，全省数字经济的增加值将突破 4 万亿元，占 GDP 的比重将接近 60%，并且计划到 2022 年培育 3000 家以

---

① 《宁德时代新能源科技股份有限公司 2020 年年度报告》，东方财富网，https://pdf.dfcfw.com/pdf/H2_ AN202104271488223031_ 1.pdf? 1619562251000.pdf，2021 年 4 月 27 日。
② 《2020 年福建省国民经济和社会发展统计公报》，福建省统计局，https://tjj.fujian.gov.cn/xxgk/tjgb/202103/t20210301_ 5542369.htm，2021 年 3 月 1 日。
③ 《2020 年福建省国民经济和社会发展统计公报》，福建省统计局，https://tjj.fujian.gov.cn/xxgk/tjgb/202103/t20210301_ 5542369.htm，2021 年 3 月 1 日。

上数字创新企业、领军企业。①

数据显示，2020年，福建省295家数字经济领域"独角兽"和"瞪羚"企业实现营业收入超过1300亿元。其中，67家"独角兽"和未来"独角兽"企业实现营收882.21亿元，16家"独角兽"和未来"独角兽"企业2018～2020年营收平均增长率超过1倍，福建畅玩网络有限公司年均增长967.54%，增速最快。228家"瞪羚"企业平均每家营收达2.04亿元。②

值得一提的是，福建芯片产业也在发力。由于中美贸易摩擦的持续，美国政府禁止美国公司向中兴、华为等中国企业销售半导体、电池等零部件、软件和技术产品，这使得芯片领域"卡脖子"问题凸显，补全芯片产业链已经刻不容缓。因此，福建芯片领域虽然与长三角、珠三角相比较为薄弱，但是在发力追赶。目前，福建的芯片产业主要分布在厦门、福州、泉州区域。厦门芯片产业整体规模已突破400亿元，根据规划2025年将达到1500亿元，芯片企业超过170家，其中比较著名的是三安光电股份有限公司，近年来该公司在5G芯片方面有较多探索。而位于泉州的福建省（晋江）集成电路产业园区目前已经有40多家集成电路企业落地，总投资超600亿元，已形成相对完善的产业链。福州则于2020年正式投产了福建首个国产芯片整机生产基地——福建省海峡星云智能制造基地项目一期。该项目同时作为华为鲲鹏、中科曙光等品牌服务器的生产基地，共同建设国产整机应用适配中

---

① 《福建副省长："十四五"末福建数字经济增加值将占GDP六成》，澎湃，https：//www.thepaper.cn/newsDetail_forward_11782070，2021年3月19日。
② 《我省持续推进数字经济创新企业遴选，培育"独角兽""瞪羚"，壮大支撑数字经济高质量发展的"腰部"力量——培优扶强，为数字经济"壮腰"》，福建省人民政府，http：//www.fujian.gov.cn/xwdt/fjyw/202105/t20210523_5599971.htm，2021年5月23日。

心。这意味着福建在完成芯片国产化替代的第一阶段生产制造中居国内领先地位。①

三　2020年闽商上市公司：中国资本市场日益受闽商青睐

2020年恰逢中国资本市场30周年，这一年，闽企也迎来一波A股上市热潮。仅仅厦门一地，就贡献了9家上市企业，其中厦门银行股份有限公司成为年内A股首家上市银行。加上厦门以外的瑞芯微电子股份有限公司（以下简称"瑞芯微"）、福建赛特新材股份有限公司（以下简称"赛特新材"）、福建福昕软件开发股份有限公司（以下简称"福昕软件"）、舒华体育股份有限公司，2020年有13家闽企在A股上市，其中不少都是实体企业，涉及光电、生物工程、智能科技等多个新兴领域。福建新上市公司数量排名全国第八。②

截至2020年12月，福建A股上市企业共有151家，其中厦门企业58家，③福建辖区（不含厦门）企业93家④。

在数量提升的同时，A股上市的福建企业质量也在提升。151家福建上市企业涉及银行、矿业、商超、互联网、半导体、电子设备、

①　《造芯热潮，福建芯片产业按下加速键》，《闽商》2021年第4期，第31~32页。

②　《13家登陆A股！41家市值超百亿！2020福建A股成绩单》，搜狐网，https：//www.sohu.com/a/443761825_676148，2021年2月22日。

③　《厦门辖区上市公司一览表（截至2020年12月31日58家）》，中国证券监督管理委员会厦门监管局，http：//www.csrc.gov.cn/pub/zjhpublicofym/jgdx/202101/t20210106_390280.htm，2021年1月6日。

④　《福建辖区（不含厦门）上市公司名单（截至2020年12月31日）》，中国证券监督管理委员会福建监管局，http：//www.csrc.gov.cn/pub/zjhpublicoffj/jgdx/202101/t20210105_390103.htm，2021年1月4日。

医药、食品等多个行业。2020 年，瑞芯微、赛特新材、福昕软件等新兴企业上市，也让福建在互联网、新材料等高新技术领域的上市企业占比有所提高。

2020 年，福建 151 家 A 股上市企业总市值合计达 3.17 万亿元，41 家 A 股上市公司市值突破百亿元，其中宁德时代、兴业证券、紫金矿业、片仔癀、福耀玻璃 5 家 A 股上市公司的市值突破千亿元。①

而就 2020 年企业营收来看，超百亿元的民营企业有 11 家（详见表 1），超千亿元的国有企业有 5 家（详见表 2）。

表 1　福建上市民营企业 50 强榜单（以 2020 年企业营收排序）

单位：亿元

企业名称	行业	董事长	2020 年营收	2020 年净利润
永辉超市股份有限公司	超市连锁	张轩松	931.99	17.94
阳光城集团股份有限公司	区域地产	朱荣斌	821.71	52.20
宁德时代新能源科技股份有限公司	电气设备	曾毓群	503.19	55.83
盛屯矿业集团股份有限公司	小金属	陈东	392.36	0.59
福耀玻璃工业集团股份有限公司	汽车配件	曹德旺	199.07	26.01
鹭燕医药股份有限公司	医药商业	吴金祥	155.31	2.68
福建圣农发展股份有限公司	农业综合	傅光明	137.45	20.41
冠福控股股份有限公司	化学制药	陈烈权	128.42	1.26
厦门合兴包装印刷股份有限公司	广告包装	许晓光	120.07	2.90
福建傲农生物科技集团股份有限公司	饲料	吴有林	115.17	5.73
福建龙净环保股份有限公司	环境保护	何媚	101.81	7.03
冠城大通股份有限公司	全国地产	韩孝煌	88.92	3.12
三棵树涂料股份有限公司	染料涂料	洪杰	82.00	5.02
福建南平太阳电缆股份有限公司	电气设备	李云孝	79.41	1.90

---

① 《13 家登陆 A 股！41 家市值超百亿！2020 福建 A 股成绩单》，搜狐网，https://www.sohu.com/a/443761825_676148，2021 年 2 月 22 日。

企业名称	行业	董事长	2020年营收	2020年净利润
新大陆数字技术股份有限公司	软件服务	王晶	70.63	4.54
奥佳华智能健康科技集团股份有限公司	医疗保健	邹剑寒	70.49	4.51
福建安井食品股份有限公司	食品	刘鸣鸣	69.65	6.04
福建龙马环卫装备股份有限公司	环境保护	张桂丰	54.43	4.43
厦门盈趣科技股份有限公司	元器件	林松华	53.10	10.25
新华都购物广场股份有限公司	超市连锁	倪国涛	51.92	1.82
游族网络股份有限公司	互联网	许芬芬	47.03	-1.88
厦门吉宏科技股份有限公司	互联网	庄浩	44.10	5.59
科华数据股份有限公司	电气设备	陈成辉	41.68	3.82
垒知控股集团股份有限公司	其他建材	蔡永太	38.71	3.72
福建青松股份有限公司	化工原料	李勇	38.65	4.61
厦门建霖健康家居股份有限公司	家居用品	吕理镇	38.35	3.65
福建火炬电子科技股份有限公司	元器件	蔡明通	36.56	6.09
福建天马科技集团股份有限公司	饲料	陈庆堂	36.40	0.69
泰禾集团股份有限公司	区域地产	黄其森	36.14	-49.99
厦门金达威集团股份有限公司	食品	江斌	35.04	9.59
福建七匹狼实业股份有限公司	服饰	周少雄	33.30	2.09
厦门日上集团股份有限公司	汽车配件	吴子文	29.35	0.78
昇兴集团股份有限公司	广告包装	林永贤	29.03	0.14
厦门亿联网络技术股份有限公司	通信设备	陈智松	27.54	12.77
厦门吉比特网络技术股份有限公司	互联网	卢竑岩	27.42	10.46
福建东方银星投资股份有限公司	商贸代理	梁衍锋	26.73	0.21
九牧王股份有限公司	服饰	林聪颖	26.72	3.69
金牌厨柜家居科技股份有限公司	家居用品	温建怀	26.40	2.93
厦门弘信电子科技集团股份有限公司	元器件	李强	26.37	0.90
学大(厦门)教育科技集团股份有限公司	文教休闲	昃胜武	24.30	0.44
福州达华智能科技股份有限公司	元器件	陈融圣	21.15	0.20
厦门松霖科技股份有限公司	家居用品	周华松	20.35	2.70
厦门法拉电子股份有限公司	元器件	严春光	18.91	5.56

续表

企业名称	行业	董事长	2020 年营收	2020 年净利润
瑞芯微电子股份有限公司	半导体	励民	18.63	3.20
欣贺股份有限公司	服饰	孙瑞鸿	18.33	1.78
厦门中创环保科技股份有限公司	环境保护	王光辉	18.24	0.21
福建东百集团股份有限公司	百货	施文义	18.24	2.05
海欣食品股份有限公司	食品	滕用庄	16.06	0.71
龙岩卓越新能源股份有限公司	环境保护	叶活动	15.98	2.42
福建浔兴拉链科技股份有限公司	服饰	王立军	15.90	2.00

数据来源：通达信。

表 2　福建上市国企 10 强（以 2020 年企业营收排序）

单位：亿元

企业名称	行业	董事长	2020 年营收	2020 年净利润
厦门建发股份有限公司	商贸代理	郑永达	4239.49	45.04
厦门象屿股份有限公司	仓储物流	张水利	3602.15	13.00
厦门国贸集团股份有限公司	商贸代理	高少铺	3510.89	26.12
兴业银行股份有限公司	银行	陶以平	2031.37	666.26
紫金矿业集团股份有限公司	黄金	陈景河	1715.01	65.09
厦门信达股份有限公司	综合类	曾挺毅	762.76	0.11
福建三钢闽光股份有限公司	普钢	黎立璋	486.36	25.56
厦门钨业股份有限公司	小金属	黄长庚	189.64	6.14
兴业证券股份有限公司	证券	杨华辉	175.80	40.03
合力泰科技股份有限公司	元器件	陈贵生	171.53	−31.89

数据来源：通达信。

过去，泉州企业多在香港证券交易所以及境外资本市场上市，但随着中国资本市场的表现日渐强劲，越来越多泉州企业转向 A 股市场。目前，在 A 股上市的泉州企业有 17 家，其中民营企业占82.35%，涉及纺织服装（6 家）、软件开发（3 家）、材料（2 家）、食品饮料（2 家）、医药制造（1 家）、建筑建材（1 家）、休闲用品（1 家）、电子元件及设备（1 家）等多个行业；有 12 家属于各个行业细分领域的龙头型企业。[①]

作为福建省会，2020 年福州成为继泉州之后福建省内第 2 个跻身 GDP 万亿（元）俱乐部的城市，也是全国第 20 座 GDP 万亿（元）俱乐部城市。福州有 47 家 A 股上市公司，其中民营企业占 61.7%。上市公司最多的为电子元件及设备行业，有 8 家公司；其次是软件开发行业，有 6 家公司；最后是通信设备行业，有 5 家公司；另外 28 家上市公司均属于细分行业领域的龙头型企业，占比接近六成。[②]

此外，2020 年 10 月，由东南亚闽商郭鹤年与其侄子郭孔丰共同创立的丰益国际集团间接控股的益海嘉里金龙鱼粮油食品股份有限公司（以下公司简称"益海嘉里"，股票简称"金龙鱼"）正式登陆 A 股市场，上市两个月，市值超过 5000 亿元，成为创业板市值第二。[③] 作为

---

① 《A 股资本地图泉州篇：17 家公司上市，民企占比超八成，12 家细分领域龙头》，时代数据微信公众号，https：//mp. weixin. qq. com/s?＿＿biz＝MzUxODk4ODgwMA＝＝&mid＝2247492701&idx＝1&sn＝45082d7b3e9b3883cae4711b6043ab62&chksm＝f982d132cef55824b74c44efbfd5ee0600481563065f9ce0c09e2485e5b0953f1f234e4efd37 # rd，2021 年 1 月 25 日。

② 《A 股资本地图福州篇：47 家公司上市，市值 1.1 万亿，近六成为细分领域龙头》，时代数据微信公众号，https：//mp. weixin. qq. com/s/SJwYxhx6mNCbePGXA7fKug，2021 年 2 月 8 日。

③ 《金龙鱼今日上市，股价涨超 90%，总市值超 2600 亿元》，东方资讯，https：//mini. eastday. com/a/201015104625619. html，2020 年 10 月 15 日。金龙鱼市值变动，参见：《金龙鱼股价跳水 此前一度涨超 12% 总市值超 7000 亿元》，新浪网，https：//finance. sina. com. cn/stock/relnews/cn/2021 – 01 – 05/doc – iiznctkf0248317. shtml，2021 年 1 月 5 日。《2020 年 A 股迎来 396 位"新成员" 金龙鱼等 6 只个股总市值均超 1000 亿元》，证券日报百度百家号，https：//baijiahao. baidu. com/s? id＝1687855474573010020&wfr＝spider&for＝pc，2021 年 1 月 4 日。

粮油巨头，益海嘉里深耕中国市场近30年，选择中国A股上市，并迅速成为创业板明星，说明A股对深耕中国市场的境外华商的吸引力。

除了表现强劲外，中国资本市场运作日益规范化，监管越来越完善，也是其对闽商的吸引力所在。2020年瑞幸咖啡（中国）有限公司（以下简称"瑞幸咖啡"）造假事件中，中国监管部门的表现也说明了这一点。

从2020年4月自曝财务造假以来，瑞幸咖啡造假事件的余波可以说贯穿了2020年整年。瑞幸咖啡前董事长为闽商陆正耀。2020年4月2日，在美国纳斯达克股票市场上市的瑞幸咖啡发布公告，自曝财务造假，其在2019年第二季度至第四季度虚增了22亿元人民币交易额，相关的费用和支出也相应虚增。7月1日，内部调查完成，瑞幸咖啡特别委员会发现，伪造交易始于2019年4月，2019年净营收被夸大了约21.2亿元，2019年成本和费用被夸大了13.4亿元。[1]

此事发生后，中国监管部门立即反应。2020年7月，瑞幸咖啡受到中国财政部、中国证监会、国家市场监管总局等部门的行政处罚，显示了中国监管部门对造假"零容忍"的决心。国家市场监管总局及上海、北京市场监管部门对瑞幸咖啡（中国）有限公司、瑞幸咖啡（北京）有限公司及北京车行天下咨询服务有限公司、北京神州优通科技发展有限公司、征者国际贸易（厦门）有限公司等45家涉案公司做出行政处罚决定，处罚金额共计6100万元。之后的10月12日，国家市场监管总局披露处罚决定，对瑞幸咖啡（中国）有限公司和瑞幸咖啡（北京）有限公司做出行政处罚，分别罚款200万元人民币。[2]

---

① 《重罚近12亿！瑞幸造假案达成和解，要卖8500万杯拿铁才能凑齐罚款》，21世纪经济报道百度百家号，https：//baijiahao. baidu. com/s？id＝1686394368568 477975&wfr＝spider&for＝pc，2020年12月18日。

② 《重罚近12亿！瑞幸造假案达成和解，要卖8500万杯拿铁才能凑齐罚款》，21世纪经济报道百度百家号，https：//baijiahao. baidu. com/s？id＝1686394368568 477975&wfr＝spider&for＝pc，2020年12月18日。

受到瑞幸咖啡造假事件影响的还有陆正耀旗下的"神州系"。受瑞幸咖啡造假等因素影响,"神州系"的优质资产之一——国内规模最大的连锁汽车租赁企业神州租车2020年上半年财务状况不佳,净亏损43.38亿元。之后神州租车的出售一波三折,直到2020年12月15日才完成向韩国私募巨头MBK Partners的出售。而神州优车也因涉信息披露违规而被证监会罚款。①

2020年11月26日,中国证监会网站公布了两份行政处罚决定书,共同当事人是瑞幸咖啡前董事长陆正耀。因涉嫌关联交易、子公司并表等多项信披问题,两份处罚合计对陆正耀处以30万元罚款,并对涉案企业及其他个人给予不同数额的罚款。② 12月14日,上海证券交易所和深圳证券交易所分别发布了《股票上市规则》的征求意见稿(又称"退市新规"),对外公开征求意见,"明确财务造假退市判定标准"是其中的重要内容。③

中国监管部门对瑞幸咖啡造假事件的回应以及新发布的"退市新规"表明,中国资本市场对于造假等扰乱市场秩序的行为"零容忍",随着常态化退市机制的健全,其基础制度也不断完善。

随着中国资本市场的日益完善,可以预见,未来几年A股市场将获得更多闽商的青睐。

四　2020年闽商慈善事业:脱贫攻坚、医疗与教育成年度主题

闽商一向重视慈善事业。在"2020福布斯中国慈善榜"上,有

---

① 《2020闽商十大新闻》,《闽商》2020年第11/12合刊,第40页。
② 《重罚近12亿!瑞幸造假案达成和解,要卖8500万杯拿铁才能凑齐罚款》,21世纪经济报道百度百家号,https://baijiahao.baidu.com/s?id=1686394368568477975&wfr=spider&for=pc,2020年12月18日。
③ 《2020闽商十大新闻》,《闽商》2020年第11/12合刊,第40页。

20 位闽商上榜。其中，世纪金源集团的黄如论、黄涛父子以 4.03 亿元位列第八。①

2020 年是全面建成小康社会目标实现之年，脱贫攻坚也成为这一年闽商慈善最为关注的领域之一。

在 2020 年 10 月 17 日举行的全国脱贫攻坚奖表彰大会暨先进事迹报告会上，福建圣农发展股份有限公司董事长傅光明获得"全国脱贫攻坚奖奉献奖"称号。② 自 2015 年以来，傅光明积极响应国家"精准扶贫"战略，无偿捐赠 8704 万元、提供 2700 万元村企启动资金，助力脱贫攻坚，2018 年圣农所在的光泽县退出省级扶贫开发工作重点县。圣农还主动帮扶带动浦城县、政和县和江西省资溪县、甘肃省镇原县开展脱贫攻坚。圣农员工总数 2.7 万人，来自帮扶的 5 个县的农民工占 70% 以上。2019 年圣农又投入"民企带村，助力乡村振兴"中，在工业反哺农业的道路上继续前进。③ 2019 年 3 月 1 日，光泽县圣兴物流有限公司（以下简称"圣兴物流"）揭牌，这是圣农集团"百企帮百村"、助力乡村振兴的又一重大项目。④

2020 年，傅光明决定将圣兴物流收归鸾凤乡党委统一经营，帮扶高源、油溪、黄溪、双门、大羊 5 个村，增加村财政收入。2020 年下半年，他还帮扶浦城县 3 个村、政和县 2 个村实现村财政收入提高。⑤

---

① 《中国慈善榜》，福布斯，https：//www. forbeschina. com/lists/1739，2020 年 7 月 23 日。

② 《点赞！傅光明获 2020 年全国脱贫攻坚奖奉献奖！》，中共福建省委统战部，http：//www. fjtzb. gov. cn/ar/20201019000062. htm，2020 年 10 月 19 日。

③ 《2020 闽商十大新闻》，《闽商》2020 年第 11/12 合刊，第 37 页。

④ 《圣兴物流揭牌！助力光泽县乡村振兴又多了一个重大项目》，搜狐网，https：//www. sohu. com/a/298976308_ 120025525，2019 年 3 月 4 日。

⑤ 《"中国最慷慨的省份"：闽商慈善，教育和扶贫是主方向》，《闽商》2021 年第 2/3 合刊，第 59 页。

不止傅光明，许多闽商都积极投身精准扶贫、助力脱贫攻坚。2016年，福建启动"百企帮百村"，2018年上升为"千企帮千村"。到2020年4月，全省1300家民营企业和商会组织结对帮扶1397个贫困村，投入资金7.9亿元，惠及4.9万贫困人口。① 中华全国工商业联合会、国务院扶贫开发领导小组办公室联合发布的全国"万企帮万村"精准扶贫行动先进民营企业名单中，大东海集团、福建省沈郎油茶股份有限公司两家闽企入选。②

2020年，闽商在公益领域持续发力，除了传统上就比较受闽商重视的教育领域外，医疗领域也成为不少闽商捐赠的重点。

教育领域原本就是闽商慈善投入的重点。闽商陈发树创办的福建省发树慈善基金会在2020年1月1日向闽江学院第三期捐资3亿元，用于支持教育事业进一步发展，以及提升其于2010年捐资兴建的新华都商学院的教育水平。而安踏也于2020年9月宣布，未来3年将再捐赠6亿元，继续携手中国青少年发展基金会和"真爱梦想"，推动欠发达地区体育公益及素质教育全面升级。③

经历了新冠肺炎疫情，医疗领域也备受闽商关注。继2020年初为抗疫捐赠1.4亿元之后，当年9月，曹德旺宣布向福建（7亿元）、湖北（3亿元）、贵州（2亿元）三省捐赠人民币12亿元，用于救

① 《福建省召开"千企帮千村"行动巩固提升推进会》，中华全国工商业联合会，https：//www.acfic.org.cn/gdgsl_362/fj/fjgslgz/202004/t20200429_234481.html，2020年4月29日。
② 《福建这家企业上榜了！全国"万企帮万村"精准扶贫行动先进民营企业》，网易，https：//www.163.com/dy/article/FRGKVN7S0519CQ3E.html，2020年11月15日；《沈郎公司被授予全国"万企帮万村"精准扶贫行动"先进民营企业"》，新浪福建，https：//fj.sina.com.cn/news/2020-11-15/detail-iiznezxs2008258.shtml，2020年11月15日。
③ 《"中国最慷慨的省份"：闽商慈善，教育和扶贫是主方向》，《闽商》2021年第2/3合刊，第57~58页。

灾、扶贫、学校以及医院的建设等。① 此外，还宣布捐赠 2 亿元资助厦门大学百年校庆的管理学院建设项目。② 稍后，河仁慈善基金会又向福清捐赠 3.5 亿元，用于福清市医院新院二期和福建师范大学附属福清德旺中学建设，成为福清有史以来接受的单笔最大捐款。③ 同样在 9 月，宝龙集团董事局主席许健康宣布，通过中国光彩事业基金会向复旦大学捐赠 5 亿元，用于支持复旦大学国际医学中心项目的筹建。④

五 2020年闽商全球化：危中有机

2020 年，中美关系一度比较紧张，美国以及一些周边国家对中国企业的打压，给包括闽商在内的中国企业的发展带来了不确定因素。

北京字节跳动科技有限公司旗下的抖音国际版 TikTok 近年来已成为中国企业全球化的样板，曾多次登上美国、印度、德国、法国、日本、印度尼西亚和俄罗斯等地 App Store 或 Google Play 总榜的首位；但 2020 年国际形势的复杂化，也让 TikTok 在美国及印度遭受不少打压。

2020 年 8 月 6 日及 14 日，美国政府以"危害国家安全"为由，接连发布两条总统令，禁止字节跳动与美国个人或企业进行任何交易，并表示，11 月 12 日前，字节跳动必须完成出售或剥离 Tiktok 美国业务。此后甲骨文与字节跳动达成协议，成为其"可信技术提供商"，但协议仍需经美国政府批准，经过 TikTok 的上诉，剥离美国业

---

① 《玻璃大王曹德旺去年捐赠 15.5 亿元，用于抗疫及扶贫救灾》，澎湃，https：//www. thepaper. cn/newsDetail_ forward_ 10913541，2021 年 1 月 23 日。
② 《曹德旺：向福建湖北贵州捐 12 亿用于救灾、扶贫、学校及医院建设》，和讯，https：//news. hexun. com/2020－09－02/201994625. html，2020 年 9 月 2 日。
③ 《2020 闽商十大新闻》，《闽商》2020 年第 11/12 合刊，第 39 页。
④ 《2020 闽商十大新闻》，《闽商》2020 年第 11/12 合刊，第 40 页。

务的期限多次推迟。① 直至 2020 年美国大选后，新上台的拜登政府要求联邦法院暂停抖音海外版 TikTok 禁令，并无限期搁置要求将 TikTok 出售给美国投资者的计划。② 同样在 2020 年，TikTok 也被列入印度通信和信息技术部所禁止的 59 款中国手机应用软件之中。

TikTok 的遭遇，可以说是复杂国际形势下中国企业全球化可能遭遇的地缘政治及文化冲突挑战的一个缩影。这也表明，复杂的国际形势将成为今后一段时间内闽商企业走向海外的一大不确定因素。

不过，对于闽商企业的跨国发展来说，2020 年也有一些利好消息。2020 年 11 月 15 日，《区域全面经济伙伴关系协定》（RCEP）在东亚合作领导人系列会议期间正式签署。③ 经过 8 年谈判，世界上人口数量最多、成员结构最多元、发展潜力最大的自贸区就此诞生。④ RCEP 整合了东盟与中国、日本、韩国、澳大利亚、新西兰多个 "10＋1" 自贸协定以及中、日、韩、澳、新西兰 5 国之间已有的多对自贸伙伴关系，意味着全球约 1/3 的经济体量形成了一体化大市场。⑤

这也意味着，未来东盟和中国之间的经贸关系将更加密切。东南亚原本就是闽籍华商传统上最为集中的区域。依照福布斯亚洲发布的 "2020 印尼富豪榜"，泉州籍兄弟黄惠忠、黄惠祥连续 12 年位居榜首，进入榜单前 10 的闽籍华商还有金光集团黄氏家族（第二）、三

① 《2020 闽商十大新闻》，《闽商》2020 年第 11/12 合刊，第 40 页。
② 《美国政府要求联邦法院暂停 TikTok 禁令》，东方财富网，https：//finance. eastmoney. com/a/202102111810365995. html，2021 年 2 月 11 日。
③ 《商务部国际司解读〈区域全面经济伙伴关系协定〉（RCEP）之一》，中华人民共和国中央人民政府，http：//www. gov. cn/xinwen/2020 － 11/15/content_ 5561731. htm，2020 年 11 月 15 日。
④ 《RCEP 签署　为世界经济复苏注入新动力》，中华人民共和国中央人民政府，http：//www. gov. cn/xinwen/2020 － 11/17/content_ 5561950. htm，2020 年 11 月 17 日。
⑤ 《全面解读〈区域全面经济伙伴关系协定〉（RCEP）》，搜狐网，https：// www. sohu. com/na/433143394_ 120207613，2020 年 11 月 20 日。

林集团林逢生（第四）、盐仓集团蔡道平（第六）、国信集团翁俊民（第十）；而在"2020 福布斯菲律宾富豪榜"的前十位富豪中，泉州籍占了七成，占据首富位置的是 SM 集团施至成的子女，位居前十的闽籍华商还有吴奕辉的子女（第四）、吴聪满（第六）、陈永栽（第七）、蔡启文（第八）、陈觉中（第九）以及许炳记夫妇（第十）；在"2020 福布斯马来西亚前 50 富豪榜"中，郭鹤年蝉联冠军，榜单前十还有丰隆集团的郭令灿（第二），IOI 集团的李耀祖、李耀升兄弟（第六），云顶集团的林国泰（第七）等闽籍华商。①

境外闽商在东南亚根基雄厚，也为国内闽商在东南亚开辟新的市场奠定了基础。经历了 2020 年新冠肺炎疫情的挑战，境外闽商与祖（籍）国的血肉联系在抗疫国际合作中越来越凸显，也为境内外闽商更加紧密的交流与协作铺平了道路。随着 RCEP 的推进，国内闽商与东南亚闽商的往来协作将越来越密切，这也为闽商企业全球化打开了新的空间。

---

① 《2020 闽商十大新闻》，《闽商》2020 年第 11/12 合刊，第 38 ~ 39 页。

分 报 告

B.2

2021年福建省闽商发展报告

林仙平 *

摘　要：　2020年是一个特殊的年份，经济等各方面均受到疫情的
影响。但有效措施的持续出台，极大遏制了疫情的蔓
延，直至最后控制了疫情的发展。在2020年上半年，福
建省内闽商响应党和政府号召，听指挥、做贡献，全力
以赴投入防疫抗疫、复工复产工作，取得良好效果。福
建经济整体从走低到逐渐走强。福建民营经济也同步
共振，从低迷下滑，到步步升高，走出了一条漂亮的回
升曲线。本报告从福建省内闽商在2020年推动全省经济
战略发展实施的角度出发，选择企业抗疫、经济增长、
科技进步、助力脱贫攻坚和实现乡村振兴等四个方面，
展示2020年福建省内闽商发展情况，分析2020年福建省

---

* 林仙平，《闽商》杂志社新媒体总监。

内闽商发展新动向。

关键词： 新冠肺炎疫情 经济增长 科技创新 脱贫攻坚 乡村
振兴

2020 年，是我们国家全面建成小康社会和"十三五"规划的收
官之年，是实现第一个百年奋斗目标的决胜之年，也是脱贫攻坚战的
达标之年，还是筹划"十四五"规划的关键之年。

新冠肺炎疫情给中国经济蒙上了浓重的阴影。面对重大考验，
中国以非常之举应对非常之事，构筑起疫情防控的坚固防线，并取
得了率先控制住疫情、率先复工复产、率先实现经济正增长的显著
成绩，展现了我国经济的强大韧性和抗冲击能力。2020 年，我国国
内生产总值（GDP）达 101.6 万亿元，比上年增长 2.3%，是全球
唯一实现经济正增长的主要经济体。①

2020 年的福建省内闽商面对疫情的冲击，积极参与防疫抗疫，
转产、捐资、捐物、复工、复产，听指挥、做贡献、打胜仗，表现出
闽商浓厚的家国情怀与责任担当。在抗疫的同时，闽商不忘生产。在
疫情得到控制之后，福建省内闽商积极主动复工复产，为福建经济持
续向好做出自己的贡献。

2020 年，省内闽商进一步加大科技研发投入，为未来决胜市场
奠定坚实的技术基础。在加大科技创新的同时，他们响应号召，在脱
贫攻坚、乡村振兴方面，投入大量资金、技术、人力、物力，为进一

---

① 《盛来运：不平凡之年书写非凡答卷——〈2020 年国民经济和社会发展统计公
报〉评读》，国家统计局，http://www.stats.gov.cn/tjsj/sjjd/202102/t20210228_
1814157.html，2021 年 2 月 28 日。

步夯实福建经济基础做出了贡献；为先富带动后富树立了榜样。

在闽商积极行动之下，2020年福建经济发展先抑后扬，在开局不利的情况下，全年GDP增长3.3%，在全国各省区市GDP排名中前进一位，排名第七。

一 闽商抗疫情况

2020年初，新冠肺炎疫情突如其来，突发环境下，疫情防控形势非常严峻。在抗疫过程中，闽商做出了应有的贡献。其中还有为数不菲的闽商因为贡献突出而获得了特别的荣誉。

（一）闽商立功载誉归来

众多闽商为疫情成功防控听指挥、做贡献，成效显著；诸多闽商因贡献突出受到各方表彰。

2020年9月，党中央、国务院、中央军委表彰"全国抗击新冠肺炎疫情先进个人"与"全国抗击新冠肺炎疫情先进集体"。在1499名同志中，福建省有25位获得"全国抗击新冠肺炎疫情先进个人"称号，其中不乏像柒牌时装的洪炳文和永辉超市的陈颖等福建民营企业家的身影。在受表彰的500个集体中，福建圣农集团党委则成为福建省十个获得先进集体荣誉的单位之一。

2020年12月，《全国工商联关于对抗击新冠肺炎疫情做出优异成绩的先进民营企业予以表扬的通报》中，对1000家"抗击新冠肺炎疫情先进民营企业"进行表彰，福建有包括正荣集团、三棵树等30家闽企受到表彰。①

---

① 《全国工商联关于对抗击新冠肺炎疫情做出优异成绩的先进民营企业予以表扬的通报》，中华全国工商业联合会，http：//www.acfic.org.cn/zzjg_ 327/nsjg/fpb/fpbtzgg/202012/t20201222_ 250720.html，2020年12月22日。

2021 年 1 月，由中央统战部、工业和信息化部、国家市场监督管理总局和全国工商联联合开展的"全国抗击新冠肺炎疫情民营经济先进个人表彰大会"在北京召开，共有 100 位抗击疫情民营经济先进个人受到表彰，其中 3 人来自福建。福建省获得表彰的 3 人分别是福耀玻璃工业集团股份有限公司董事长曹德旺、福建恒安集团有限公司首席执行官许连捷、爹地宝贝股份有限公司董事长林斌。[1]

这些受到表彰的企业家与企业，是闽商的优秀代表。他们获得的各种荣誉，代表着党和国家以及人民的认可和肯定。除了这些贡献特别突出的企业家和企业之外，几乎所有福建企业都在抗疫中积极行动，为战胜疫情付出了大量努力。

2020 年 11 月，福建省委、省政府发出《关于表彰福建省抗击新冠肺炎疫情先进个人和先进集体的决定》。在 300 个"福建省抗击新冠肺炎疫情先进集体"中，福州民天实业有限公司党委、福建网龙计算机网络信息技术有限公司党委、盛辉物流集团有限公司党委、蓝佳堂、春晖制衣党支部、启初软件党支部、烨映电子、三宝集团、新南丰连锁、才子服饰、龙净环保、宁德时代等诸多闽企或其内部机构榜上有名。[2]

（二）抗疫战场闽商特殊贡献

本质上，疫情防控就是一场战争，抗疫是人类对病毒的反击。抗

---

[1] 《福建 3 名企业家荣获"全国抗击新冠肺炎疫情民营经济先进个人"称号，他们是……》，中新网福建，http://www.fj.chinanews.com/news/fj_rmjz/2021/2021-01-25/479629.html，2021 年 1 月 25 日。

[2] 《中共福建省委福建省人民政府关于表彰福建省抗击新冠肺炎疫情先进个人和先进集体的决定》，福建省人民政府，http://www.fujian.gov.cn/zwgk/tzgg/202011/t20201126_5459382.htm，2020 年 11 月 26 日。

疫战场上，广大医护人员是在一线冲锋的先锋，闽商是庞大后勤保障的重要组成部分。

为了新冠肺炎疫情防护，福建省内闽商不分大小、不计行业，从不同渠道，用不同方法，转产供应防疫物资、捐款捐物、出人出力，为抗疫胜利做出应有的贡献。

在抗疫初期，全国防护服十分稀缺。2020年1月26日，工信部号召防护服工厂行动起来。当天，柒牌时装火速响应，召集逾百名员工返岗，成立爱心车间，全力攻关防护服的研发和生产；之后，柒牌成为福建省首家"转产"并获得无菌型医用防护服生产资质的服装企业，也是泉州首家获得无菌型医用防护服生产资质的企业。①

由于全国各地口罩一时间供应不上，而且福州没有生产口罩的厂家，市场上一"罩"难求。2020年1月29日，爹地宝贝正式启动转产及新增口罩生产线，决定将价值千万元的生产线改造成口罩生产线，仅用11天的时间，实现日生产口罩70万只。爹地宝贝在一个半月的时间内，开辟出6条口罩生产线，到3月中旬时日均产能已达420万只，两个月的时间，为福建全省提供了5000万只口罩，极大地缓解了福建口罩缺乏的局面，为推动福建省内产业复工复产提供了重要保障。②

转产口罩的不只爹地宝贝一家闽商企业，还有其他闽企，如恒安集团也积极行动。2020年2月15日，恒安集团新引进的口罩生产线全力开动，正式出产医用口罩产品。2020年5月20日，经福建省药品监督管理局审批，恒安集团正式获批五年期医疗器械生产许可证（Ⅱ类14 – 13手术室感染控制用品），成为福建省内因疫情转产后首

---

① 《全省转产首家 柒牌无菌型医用防护服通过检验》，晋江新闻网，http：//news. ijjnews. com/system/2020/02/27/030010744. shtml，2020年2月27日。

② 《爹地宝贝董事长林斌荣获"民建中央抗疫先进个人"荣誉称号》，闽商网，https：//www. mszz. cn/portal/record/elite/article – 97668. html，2020年12月2日。

闽商蓝皮书

家获得医疗器械生产许可证的生产企业。①

这些闽企的转产，最大力度地支持了全国防疫抗疫工作。与此同时，福建省内大部分闽商也都力所能及地为抗疫做出自己的贡献。他们或者直接捐资抗疫，或者捐赠口罩、湿巾、防护服、消毒水、体温仪、医疗器械等抗疫物资，为抗疫胜利提供了极大的帮助。

福耀集团通过河仁慈善基金会为抗击疫情和助力小微企业发展捐赠1.5亿元；恒安集团除了捐款外，还为湖北抗疫前线捐赠了大量纸巾、消毒湿巾、成人尿裤等物资，并转产口罩和防护服助力抗疫；林斌领导下的爹地宝贝转产口罩，仅两个月时间就为福建全省提供了5000万只口罩，并向海内外捐赠口罩600多万只；丁世忠旗下的安踏，则设立了"新冠肺炎医护人员救助及奖励专项基金"，救助一线医务工作者；傅光明创建的圣农集团除了向公益组织捐赠1055万元用于抗击疫情外，还向光泽等5个县的政府机构、高校、医院、企业捐赠口罩等防疫物资。②

每一份捐赠背后，都凝聚着闽商在危难关头"致富思源不忘本"的责任担当。据不完全统计，截至2020年1月26日，闽商累计捐款超5亿元，捐赠口罩、消毒湿巾等物资数百万件。③据不完全统计，截至2月6日，2200多家闽商企业和商会组织共捐款10.19亿元，33家闽商企业捐款超过500万元；捐赠物资超3亿元，包括29万只

---

① 《福建首张！恒安获批转产企业医疗器械口罩类生产许可证（正式）》，恒安集团，http://www.hengan.com/cmscontent/1460.html，2020年5月20日。
② 《点燃"硬核"力量　书写抗疫大考中的民企答卷》，人民网，http://xiaofei.people.com.cn/n1/2020/0908/c430435-31854138.html，2020年9月8日。
③ 《福建全省工商联系统全力以赴抗击疫情　目前闽商累计捐款超5亿》，人民网，http://fj.people.com.cn/n2/2020/0127/c181466-33746236.html，2020年1月27日。

N95 口罩、664 万只其他类型口罩、38369 套防护服等。①

截至 2 月 8 日，福建省海外妇女联谊会累计捐赠现金约 1.4259 亿元，捐赠物资包括口罩 64.5 万只，防护服 2000 套，手套 16.25 万双，酒精 2 万瓶，消毒水 5.5 吨，巾帼不让须眉，爱心接力递增。

闽商捐赠的大量资金、物资，通过各种渠道，源源不断地送抵抗疫前线，为抗疫胜利提供了巨大帮助；也为复产复工创造了先决条件，为福建经济运行恢复正常奠定了坚实的基础。

（三）复工复产闽商争先

为抗疫捐款捐物，是闽商骨子里家国情怀的自然迸发，闽商的主战场，还是在发展经济。2020 年 2 月 3 日，中共中央提出"要在做好防控工作的前提下，全力支持和组织推动各类生产企业复工复产"② 之后，福建省内闽商迅速行动起来。

疫情发生后，一些闽商已经根据实际情况，做出相应生产安排与调整。疫情期间，部分闽商为抗疫开足马力生产或者转产，比如柒牌时装、爹地宝贝、恒安集团等。从抗疫角度来说，它们为战胜疫情提供了物资资源保障；从生产角度来说，它们是"提前复工复产"的范例。

除了上述转产防护用品的闽企之外，福建安洁儿科技有限公司、建阳区唐金包装有限公司也转产口罩；才子服饰股份有限公司、宝得服饰有限公司等多家企业转产防护服；德林机械、泉工股份等多家企业攻关医用口罩生产机械。

---

① 《福建工商联带领民企全力以赴抗疫　彰显闽商大爱》，人工智能实验室，http：//www.ailab.cn/html/3366004.html，2020 年 2 月 7 日。

② 《商务部：在做好疫情防控前提下推动商务领域企业有序复工复产》，中国财经，http：//finance.china.com.cn/news/20200224/5202302.shtml，2020 年 2 月 4 日。

　　此外，还有如圣农集团等临危不惧，全面部署。在企业内部严把人员进厂关、生产防疫关、日常防控关。在抓好复工复产、保障市场供给、履行社会责任等方面均有卓越表现。在 2020 年 1 月下旬，为响应农业农村部提出的要求各省切实做好"菜篮子"产品生产保供工作的号召，圣农集团旗下各个基地迅速全面恢复满负荷生产，不但为"菜篮子"产品提供切实保障，也为集团年度营收带来实际效益。2020 年，圣农发展实现营业收入 137.4 亿元，完成利润 20.4 亿元。[①]

　　在抗疫防疫过程中，大中型超市、电商在供应链领域挑起了保障民生的重担。永辉超市作为国内零售龙头企业，第一时间启动应急方案，积极响应号召，发挥居民生活必需品市场供应的主渠道作用。在采购端，面对物资缺口，永辉超市供应链快速反应，充分发挥长短半径全国一盘棋的协同采购优势；在供给端，快速满足全国各地民生商品及消毒防疫物资的供应，对支持所在地政府稳定民众的恐慌情绪并平抑各地物价起到重要作用。[②]

　　同样做出迅速反应的还有朴朴电商。针对由订单量猛增导致的蔬菜缺货现象，朴朴开启预售模式。针对人手不足的情况，朴朴超市启动老朴朴人返岗兼职支援计划，在紧急情况下邀请离职的前同事加入，缓解人手压力，尽力为"菜篮子"保驾护航。[③]

　　新华都针对超市、百货旗下正常履约的所有租赁客户，将 2 月

---

① 《书写抗疫大考中的民企答卷：圣农集团党委荣获全国抗击新冠肺炎疫情先进集体》，中新网福建，http://www.fj.chinanews.com/news/2020/2020 - 09 - 09/473725.html，2020 年 9 月 9 日。

② 《全国先进！福建永辉超市总经理陈颖荣获"全国抗疫先进个人"称号》，新浪财经百度百家号，https://baijiahao.baidu.com/s? id = 1677321222336518294&wfr = spider&for = pc，2020 年 9 月 9 日。

③ 《福建：电商"加速跑"，为"促消费""稳外贸"赋能》，东南网百度百家号，https://baijiahao.baidu.com/s? id = 1675591446956750670&wfr = spider&for = pc，2020 年 8 月 21 日。

1~29日租金减半，以减轻租户压力。此外公司还为供应商提供供应链金融服务，以解决供应商货款短缺的燃眉之急。

2020年2月9日，福建发布切实加强疫情科学防控、有序推进企业和项目复工复产的意见，提出7个方面21条具体措施，有序有力有效地推进生产企业和重点项目复工复产，为稳定经济社会大局提供了有力支撑。①

福建省内各地市的企业行动迅速。截至2020年2月15日，福州市规上工业企业开工1765家，复工率达75.8%，其中春节期间连续生产企业174家，新复工复产企业1591家。

厦门纳入监测范围的规上工业企业复工率在2020年2月10日为49%，到2月22日已恢复到95%以上，到4月23日已全部复工；其中202家市重点工业企业于2月17日全部复工。②

截至2020年2月26日，福建省17739家规上工业企业复工率超过85%；其中省级制造业龙头企业复工率更高，总体复工率超过90%。数据显示，2020年3月以后，福建省企业产能快速提升，用电量和用电负荷均超过2019年同期水平。③

复工复产顺利推进，福建经济回归正常。2020年上半年，福建省地区生产总值为19901.39亿元，同比增长0.5%，④ 扭转了2020

① 《福建出台21条措施，有序推进企业和项目复工复产》，央广网百度百家号，https：//baijiahao. baidu. com/s？id = 1658107833226235973&wfr = spider&for = pc，2020年2月10日。

② 《厦门规上工业企业复工率100%》，厦门市人民政府，http：//www. xm. gov. cn/zwgk/xwfbh/90421/202004/t20200427_ 2443133. htm，2020年4月24日。

③ 《安心 暖心 更有信心——福建制造业企业复工复产记》，台海网，http：//www. taihainet. com/news/fujian/gcdt/2020－02－27/2360015. html，2020年2月27日。

④ 《2020年上半年福建经济运行情况》，福建省统计局，http：//tjj. fujian. gov. cn/xxgk/tjxx/jjyxqk/202007/t20200720_ 5326209. htm，2020年7月20日。

年第一季度 GDP 负增长的局势。福建省内闽商，积极有效地复工复产，为福建经济在 2020 年的先抑后扬带来巨大的推动。

听从指挥、万众一心、众志成城，是福建在 2020 年抗疫取得成功的决定因素。福建省内闽商的迎难而上、奋发有为，也为福建经济 2020 年逆势增长做出了应有贡献。

二 福建经济逆势增长，全国排名微升

2020 年，福建省实现地区生产总值 43903.89 亿元，比上年增长 3.3%。在三个产业方面，第一产业增加值为 2732.32 亿元，增长 3.1%；第二产业增加值为 20328.80 亿元，增长 2.5%；第三产业增加值为 20842.78 亿元，增长 4.1%。① 同时，在国内各省区市的 GDP 排名中，福建省比 2019 年前进一位，全国排名第七。

2020 年，福建省工业增加值为 15745.55 亿元，比上年增长 1.7%。规模以上工业增加值增长 2.0%，其中，国有控股企业增长 9.4%。在规模以上工业中，分经济类型看，国有企业增加值下降 6.1%，集体企业增长 13.6%，股份制企业增长 3.1%，外商及港澳台商投资企业下降 0.4%，民营企业增长 2.0%。②

在世界经济的至暗时刻，中国一枝独秀，2020 年国内生产总值达 101.6 万亿元，比上年增长 2.3%，是全球唯一实现经济正增长的主要经济体，③ 福建增速比全国增速高出 1 个百分点。

---

① 《2020 福建地区生产总值 43903.89 亿元 比上年增长 3.3%》，东南网百度百家号，https://baijiahao.baidu.com/s? id = 1689476516849925144&wfr = spider& for = pc，2021 年 1 月 21 日。
② 《2020 年福建省国民经济和社会发展统计公报》，福建省人民政府，http://www.fujian.gov.cn/zwgk/sjfb/tjgb/202103/t20210301_ 5542668.htm，2021 年 3 月 1 日。
③ 《人民财评：2.3%，非凡的答卷催人奋进》，环球网，https://china.huanqiu.com/article/42AL8RpswdK，2021 年 3 月 4 日。

（一）福建 GDP 排位上升最多

敢闯敢拼、迎难而上，使闽商成为改革开放以来颇具影响力的商业群体，也使其成为推动福建经济增长的有生力量。

从改革开放肇始，福建省就是国内经济发展的领跑者。1978 年，福建省 GDP 总量在 31 个省区市中排名第 23 位，属于中下游；2020 年，福建省 GDP 总量排名第七位（见表 1），进入中上游。

表 1　1978 年及 2020 年各省区市 GDP 排名情况

单位：亿元

1978 年排名	省区市	1978 年 GDP	2020 年排名	省区市	2020 年 GDP
1	上海	272.81	1	广东	110761
2	江苏	249.24	2	江苏	102719
3	辽宁	229.2	3	山东	73129
4	山东	225.45	4	浙江	64613
5	广东	185.85	5	河南	51997
6	四川	184.81	6	四川	48599
7	河北	183.06	7	福建	43904
8	黑龙江	174.8	8	湖北	43443
9	河南	162.92	9	湖南	41781
10	湖北	151.00	10	上海	38701
11	湖南	146.99	11	安徽	38681
12	浙江	123.72	12	河北	36207
13	安徽	113.96	13	北京	36103
14	北京	108.41	14	陕西	26182
15	山西	87.99	15	江西	25692
16	江西	87.00	16	辽宁	25115
17	天津	82.65	17	重庆	25003
18	吉林	81.98	18	云南	24522
19	陕西	81.07	19	广西	23699

续表

1978 年排名	省区市	1978 年 GDP（亿元）	2020 年排名	省区市	2020 年 GDP（亿元）
20	广西	75.85	20	贵州	22157
21	重庆	71.70	21	山西	17827
22	云南	69.05	22	内蒙古	17652
23	福建	66.37	23	天津	17360
24	甘肃	61.73	24	新疆	14084
25	内蒙古	58.01	25	黑龙江	13798
26	贵州	46.62	26	吉林	12311
27	新疆	39.07	27	甘肃	9017
28	海南	16.40	28	海南	5532
29	青海	15.54	29	宁夏	3921
30	宁夏	13.00	30	青海	3006
31	西藏	6.65	31	西藏	1903

注：海南省 1988 年建省；重庆市 1997 年改为直辖市，数据均采用当年有效划分数据。

数据来源：国家统计局及各省区市统计局官方网站。

福建能够在各省区市排名中取得最快进步并非偶然。

虽然自古以来福建交通基础设施比较落后，但改革开放以后，福建大力推进基础设施建设。2018 年福建成为我国第一个所有地级市都通高铁的省份；此外福建还率先实现了每个县都通高速公路；同时，福建还利用沿海优势，全面布局推进港口建设。

截至 2020 年，福建省铁路在建和运营里程突破 5000 公里，高速公路通车里程突破 6000 公里；沿海港口货物吞吐量首次突破 6 亿吨（达到 6.1 亿吨），其中集装箱突破 1700 万标准箱（达到 1710 万标准箱）。基础设施不断完善，使福建省各种生产要素重新集聚，经济增长不断加快。

另外，福建作为改革开放前沿地区，不断放开市场准入，大力推动民营企业发展，也是其经济增长速度领跑的核心原因之一。

改革开放以来，福建发挥自身拥有的侨、台、海三大优势，充分运用中央给予的先行先试政策，迅速发展起来。首批四大经济特区中，厦门位列其中；省会福州是首批沿海开放城市之一；泉州既是福建著名侨乡，也是福建民营经济最发达的地区，连续多年经济总量位居福建省首位，① 其"晋江模式"更是驰名中外。

同时，爱拼敢赢的闽商抓住每一次机会，敢于拼搏、勇于进取、迎难而上；海外闽商桑梓情深，回乡心切，带来大量投资。回归投资的闽商与本土崛起的闽商，汇流成汪洋大海，为福建经济注入无限生机。

（二）福建人均 GDP 排名全国第四

福建蓬勃发展的民营经济，极大地推动了福建的经济发展，也让福建人均 GDP 明显上升。数据显示，福建人均 GDP 全国排名第四（港澳台除外），仅次于北京、上海与江苏。

按照世界银行 2015 年的标准，人均 GDP 在 4126～12735 美元的为中等收入国家，人均 GDP 高于 12735 美元的为高收入国家。② 2020年，我国的人均 GDP 达到了 11180 美元，接近高收入国家水平，而福建的人均 GDP 达到 110506 元人民币（见表2），约合 17072 美元，远超高收入国家最低水平线 12735 美元，也就是说，福建已经与部分省市一起率先迈入高收入省份。

---

① 《改革开放 40 年，这三个省份经济增长超 400 倍》，第一财经百度百家号，https：//baijiahao. baidu. com/s？ id = 1602755913325337164&wfr = spider&for - pc，2018 年 6 月 9 日。

② 《人均 GDP 将破 1 万美元对中国意味着什么？》，中国新闻网百度百家号，https：//baijiahao. baidu. com/s？ id = 1623277101956296287&wfr = spider&for = pc，2019 年 1 月 21 日。

表2　2020年全国31个省区市人均GDP情况

排名	省区市	2020年GDP（亿元）	2019年常住人口（万人）	2020年人均GDP（元）
1	北京	36103	2153	167640
2	上海	38701	2428	159385
3	江苏	102719	8070	127285
4	福建	43904	3973	110506
5	浙江	64613	5850	110450
6	广东	110761	11521	96138
7	天津	14084	1561	90176
8	重庆	25003	3124	80027
9	湖北	43443	5921	73297
10	山东	73129	10070	72619
11	内蒙古	17360	2539	68357
12	陕西	26182	3876	67545
13	安徽	38681	6365	60763
14	湖南	41781	6918	60391
15	海南	5532	944	58557
16	四川	48599	8375	58029
17	辽宁	25115	4351	57713
18	河南	51997	9640	57051
19	宁夏	3921	695	56445
20	江西	25692	4666	55061
21	新疆	13798	2523	54684
22	西藏	1903	350	54285
23	云南	24522	4858	50474
24	青海	3006	607	49455
25	贵州	17827	3622	49206
26	河北	36207	7591	47691
27	山西	17652	3729	47334
28	吉林	12311	2690	45753
29	广西	22157	4960	44671
30	黑龙江	23699	3751	36520
31	甘肃	9017	2647	34064
	全国	1015986	140384.89	72371

数据来源：综合国家统计局以及各省市区统计局官方网站。

当然，人均 GDP 不是人均收入。2020 年，福建人均可支配收入为 37202 元，在 31 个省区市中，排名第七，与年度福建 GDP 总量排名一致。

从福建省内各地市人均 GDP 来看，厦门以 14.88 万元领跑，其次是福州与泉州，南平以 7.46 万元，位居第九（见表3）。

表3　2020 年福建省各地市人均 GDP 情况

排名	城市	2020 年 GDP（亿元）	2019 年常住人口（万人）	2020 人均 GDP（万元）
1	厦门	6384	429	14.88
2	福州	10020	780	12.85
3	泉州	10159	874	11.62
4	龙岩	2871	264	10.88
5	三明	2702	259	10.43
6	莆田	2644	291	9.09
7	宁德	2619	291	9.00
8	漳州	4546	516	8.81
9	南平	2007	269	7.46
	全省	43904	3973	11.05

数据来源：综合福建省统计局及省内各地市统计局官方网站。

2019 年数据显示，福建总人口 3900 多万人，在 31 个省区市中排名第15。由此可见，福建的经济发展靠的是高质量的发展，而不是人海战术。山多地少造成福建人口数量偏少，这个客观因素是从古至今都存在的，但是经济要发展，还是需要适度地增加人口。因此，打造足够吸引人口与资金的城市，是未来发展的趋势，福建正在推动的强省会以及城市圈建设即是为此而来。另外还需要加大科技创新力度，推动科技升级，以更高质量发展福建经济。

（三）福建私营企业数量占比超90%

2020年第一季度，在疫情冲击下，福建省经济遭受重创。福建省统计局数据显示，经初步核算，2020年第一季度，福建省实现地区生产总值8999.09亿元，按可比价格计算，与上年同期相比下降5.2%。

至2020年上半年，福建省GDP已经"转正"。数据显示，2020年上半年，福建省GDP总量为19901.39亿元，与上年同期相比增长0.5%。前三季度全省实现地区生产总值31331.55亿元，与上年同期相比增长2.4%，经济运行形势显著好转。2020年全年，福建省实现地区生产总值43903.89亿元，比上年增长3.3%。[①] 2020年福建省GDP增速呈现前低后高、步步高升的态势。这中间，民营经济贡献良多。

截至2020年12月底，福建全省共有市场主体544.96万户，同比增长22.94%。据介绍，全省共有企业155.03万户，同比增长11.73%；个体工商户385.65万户，同比增长28.43%；农民专业合作社4.29万户，同比增长1.42%。2020年，全省新登记市场主体137.45万户，同比增长40.36%。全省新登记企业28.82万户，同比增长8.95%；新登记农民专业合作社2.93万户，同比增长 −9.25%；新登记个体工商户108.34万户，同比增长52.26%。[②]

截至2020年11月，福建全省共有民营企业143.4万户，同比增长12.81%。如果将2020年11月民营企业总数与2020年全省企业总

---

① 《2020福建地区生产总值43903.89亿元　比上年增长3.3%》，东南网百度百家号，https：//baijiahao. baidu. com/s？ id = 1689476516849925144&wfr = spider&for = pc，2021年1月21日。

② 《福建实有市场主体544.96万户　2020年持续增长》，东南网百度百家号，https：//baijiahao. baidu. com/s？ id = 1688691574845242173&wfr = spider&for = pc，2021年1月12日。

数做一个对比，可以发现，民营企业数与企业总数之比为 92.5%。民营企业不仅总量大，而且在大型企业中，民营企业数量占比也很高。在"2020 福建制造业 100 强"榜单中，民营企业数量占据绝对优势，国企占比为 28%；民企等占比为 72%。[1]

三 科技进步情况

党的十八大以来，创新已经处在国家发展全局的核心位置。闽商在改革开放以后的逐渐发展壮大，本质上就是创新驱动带来的，它们从企业制度创新、管理创新、产品创新、技术创新、营销创新、品牌创新等方面全方位进行创新发展，不但数量大幅增加，而且产品质量不断提高。虽然从经济规模来说，人口作用显著；但从经济效率提升来说，科技红利才是核心驱动力量。福建民营企业的科技投入正在逐年增加。可以说，闽商的每一个进步，都包含着科技快速进步带来的驱动力。

（一）政策推动企业创新

政策环境对于创新有极大的推动作用，因为政府政策能够营造良好的创新氛围、构建良好的创新生态、催生良好的创新动能、强化良好的创新激励，让整个社会的创新引擎全面起动。改革开放以来，福建省大力实施创新驱动发展战略，持续加大对企业技术创新的扶持和激励力度，推动企业技术创新并取得了良好成效。[2]

---

[1] 《2020 年福建省制造业企业 100 强排行榜》，中商情报网百度百家号，https：//baijiahao.baidu.com/s？id = 1684229196976985619&wfr = spider&for = pc，2020 年 11 月 24 日。

[2] 《福建奋力谱写科技创新事业新篇章》，福建省科学技术厅，http：//kjt.fujian.gov.cn/xxgk/gzdt/mtjj/201812/t20181217_ 4710052.htm，2018 年 12 月 17 日。

2006 年,《福建省中长期科学技术发展规划纲要（2006～2020年)》出台，为建成具有福建特色的区域创新体系奠定政策基础。2008 年,《福建省科技政策落实行动方案》出台，为推动福建省科技进步、促进自主创新带来巨大影响。2016 年，福建省人民政府发布《关于印发实施创新驱动发展战略行动计划的通知》，有效地加快发展新产业、掌握新技术、构筑新平台、催生新业态、应用新模式，促进福建经济再上新台阶。2018 年，福建省人民政府出台《关于进一步推进创新驱动发展七条措施的通知》，从加大正向激励、建设若干高水平福建省实验室、着力引进重大研发机构等 7 个方面，进一步加大对全省创新驱动发展的政策扶持力度，努力以创新推动高质量发展、① 实现赶超目标。2019 年，福建对外发布的《福建省加快 5G 产业发展的实施意见》指出，到 2022 年，福建 5G 产值规模将超 3000亿元。②

2020 年 3 月，福建省出台强化科技支撑服务疫情防控与经济社会发展的十二条措施，包括强化疫情防控应急科研攻关、加快疫情防控科研平台布局、支持科技型企业复工复产、加强省创新实验室建设、推进高水平创新平台发展、完善高新技术企业培育体系、促进新技术新模式新业态企业发展、实施企业研发经费分段补助、加大"科技贷"服务力度、创新科技成果转化机制、运用信息技术提升科技特派员服务水平、发挥自创区引领示范作用等。2020 年 9 月 24日，福建省政府办公厅印发《福建省实施工业（产业）园区标准化

---

① 《福建省人民政府关于进一步推进创新驱动发展七条措施的通知》，福建省工业和信息化厅，http：//gxt. fujian. gov. cn/zc/zxzcfg/sjzcfg/201810/t20181009 _ 4532675. htm，2018 年 10 月 9 日。

② 《福建出台加快 5G 产业发展实施意见　2022 年 5G 产值规模超 3000 亿元》，央广网百度百家号，https：//baijiahao. baidu. com/s? id =1649416249804854485&wfr =spider&for =pc，2019 年 11 月 6 日。

建设推动制造业高质量发展三年行动计划（2020～2022年）》。计划提出，到2022年培育形成1000家左右"专精特新"企业、250家左右制造业单项冠军企业。

（二）大企业大投入于科技创新

科技投入增加，提高了企业竞争力，支撑企业规模做大；企业规模扩大，进一步推动了科技投入，从而形成良性循环。福建大型企业规模在扩大，营收在增加，科技投入绝对值也在增加。数据显示，2018年福建民营企业研发创新投入总额为413.96亿元；2019年福建民营企业研发创新投入总额为475.72亿元，比上一年增长14.9%。

据统计，2020年福建有5家企业入围世界500强，17家企业入围中国企业500强。当年福建百强企业的入围门槛为70.47亿元（人民币，下同），比上年增加12.55亿元。该榜单显示，2020年福建百强企业在2019年的总营业收入为39711.3亿元，相当于福建省国内生产总值的93.7%，比上年增长13.7%；发明专利数为8876项，比上年增长22%；海外员工29800人，比上年增长93%。[1]

从地区分布看，福建百强企业的分布呈现高度不平衡。百强企业主要集中在省会福州和经济特区厦门，其中福州上榜企业45家，占45%；厦门上榜企业30家，占30%。此外，泉州上榜企业9家，占9%；宁德、漳州、龙岩、三明、南平地区累计上榜16家。[2] 从行业来看，福建百强企业中，制造业企业47家，服务业企业37家，建筑

---

[1] 《福建企业百强榜单发布 规模效益增长显著对经济发展贡献增大》，福建省人民政府，http://www.fujian.gov.cn/xwdt/fjyw/202011/t20201123_5454361.htm，2020年11月23日。

[2] 《福建企业百强榜单发布 规模效益增长显著对经济发展贡献增大》，福建省人民政府，http://www.fujian.gov.cn/xwdt/fjyw/202011/t20201123_5454361.htm，2020年11月23日。

业企业 15 家, 采掘业企业 1 家。① 而在 2020 年首次发布的 "2020 福建战略性新兴产业企业 100 强" 榜单中, 国企上榜 21 家; 民企上榜数量最多, 达 72 家; 其他为中外合资及港澳台资企业。全国工商联发布的 "2020 中国民营企业 500 强" 榜单中, 福建共有 21 家企业上榜, 除了被归入浙江的青拓集团外, 总数与上一年度持平 (见表 4)。

表 4　2020 中国民营企业 500 强榜单 (福建)

单位: 万元

500 强排名	企业名称	所属行业	营业收入
16	阳光龙净有限公司	综合	24807843
76	融侨集团股份有限公司	房地产业	8650762
77	永辉超市股份有限公司	零售业	8487696
142	福建大东海实业集团有限公司	黑色金属冶炼和压延加工业	5733625
155	融信 (福建) 投资集团有限公司	房地产业	5164651
161	恒申控股集团有限公司	化学原料和化学制品制造业	5044661
163	福建永荣控股集团有限公司	化学纤维制造业	5013949
181	宁德时代新能源科技股份有限公司	电气机械和器材制造业	4578802
208	三盛集团有限公司	房地产业	4202313
241	盛屯矿业集团股份有限公司	有色金属矿采选业	3731427
271	安踏体育用品集团有限公司	皮革、毛皮、羽毛及其制品和制鞋业	3392785
285	福建省金纶高纤股份有限公司	化学纤维制造业	3267586
287	正荣地产控股股份有限公司	房地产业	3255766

---

① 《2020 福建企业 100 强榜单出炉　总营业收入近 4 万亿元》, 中华人民共和国商务部, http://www.mofcom.gov.cn/aarticle/resume/n/202011/20201103017497.html, 2020 年 11 月 23 日。

500强排名	企业名称	所属行业	营业收入（万元）
427	名城企业管理集团有限公司	房地产业	2327108
430	禹洲地产股份有限公司	房地产业	2324071
442	福建圣农控股集团有限公司	农副食品加工业	2300956
443	三宝集团股份有限公司	黑色金属冶炼和压延加工业	2300347
450	福建恒安集团有限公司	造纸和纸制品业	2249284
474	达利食品集团有限公司	食品制造业	2137525
482	福耀玻璃工业集团股份有限公司	非金属矿物制品业	2110388
486	福建闽海石化有限公司	批发业	2081540

能够从公开数据以及年报中发现企业研发投入的，都是上市公司，也都是规上企业。根据企业所在地统计，福建共有14家上市企业上榜2020中国上市公司500强，总排名第八。其中，宁德时代以8179亿元的市值，在闽企中遥遥领先，在总榜单中排名第15。除了宁德时代外，福建上市企业中市值超过1000亿元的有：排名第34的兴业银行（4336亿元）、排名第65的安踏体育（2796亿元）、排名第77的紫金矿业（2358亿元）、排名第113的片仔癀（1614亿元）、排名第164的三安光电（1210亿元）、排名第165的福耀玻璃（1205亿元）。①

在榜单上的福建上市企业还有：排名第288的永辉超市（683亿元）、排名第298的亿联网络（660亿元）、排名第332的兴业证券（581亿元）、排名第348的恒安国际（548亿元）、排名第370的达利食品（511亿元）、排名第421的安井食品（456亿元）、排名第

---

① 《2020中国上市公司500强出炉！福建14家企业上榜，最牛的是它》，闽商观察百度百家号，https：//baijiahao. baidu. com/s？id = 1688086486491135796&wfr = spider&for = pc，2021年1月6日。

470 的三棵树（407 亿元）。

2020 年末，福建拥有境内 A 股上市公司 150 家，比上年增加 12 家；B 股上市公司 1 家。①

上市公司为增强企业竞争力，在研发投入方面的力度都比较大，比如宁德时代、星网锐捷、福耀玻璃等。年报显示，宁德时代 2020 年全年研发投入近 36 亿元，占总营业收入的 7.09%，较 2019 年、2018 年分别增长 19.29%、79.27%。公开数据显示，2020 年，星网锐捷研发投入 13.64 亿元；网龙研发投入 11.7 亿元。2018～2020 年，福耀玻璃的研发投入分别为 8.88 亿元、8.13 亿元、8.16 亿元，基本持平，投入稳定。安踏体育 2019 年研发投入达 7.89 亿元，位列体育上市公司研发投入榜榜首；2020 年，安踏体育研发投入 8.78 亿元，比上一年增长近 1 亿元。公开数据显示，2020 年，新大陆研发投入 5.70 亿元；美亚柏科研发投入 3.51 亿元。年报显示，2020 年，盈趣科技研发投入 3.04 亿元，同比增长 12.77%。

大型企业为了在竞争中保持自己的技术优势，愿意也必须在研发上投入更多的资金。同样，中小企业在科研创新方面，也是亦步亦趋，不甘人后。

（三）中小企业是创新主体

历史数据表明，美国技术创新成果中有 55% 以上由中小企业提供。同样，活跃的福建中小型科技企业，虽然单家企业规模不大，每家企业科技投入绝对值不多，但其在创新动力、创新能力、创新速度等方面拥有明显优势。尤其是，中小型科技企业能够将有限资金聚焦于自己的主业或者核心项目，创新效果相当明显。福建省科技型中小

---

① 《2020 年福建省国民经济和社会发展统计公报》，福建省人民政府，http：// fujian. gov. cn/zwgk/sjfb/tjgb/202103/t20210301_ 5542668. htm，2021 年 3 月 1 日。

企业对国民经济的贡献率逐年提高，在提供居民就业、优化经济结构、推动科技创新、保持社会稳定等方面起着越来越重要的作用。[①]数据显示，福建省中小企业占99%以上的企业数量，创造了约57%的税收、61%的GDP、73%的科技成果、82%的就业岗位。[②]

2020年，第九届中国创新创业大赛（福建赛区）暨第八届福建创新创业大赛，经过激烈的角逐，最终决出了一等奖2名，二等奖4名，三等奖6名，优胜奖19名。上杭县紫金佳博电子新材料科技有限公司、漳州智觉智能科技有限公司从31家晋级决赛企业中脱颖而出，分别获得成长企业组和初创企业组一等奖。大赛还评选出优秀企业47家，另有9家企业在设区市赛表现优异获设区市赛优胜奖。本届参赛企业数创历史新高。[③]另外，2020年4月初，福建省启动第四届"中国创翼"创业创新大赛福建赛区选拔赛，全省共征集各类参赛项目1014个，其中主体赛创新组项目348个、创业组项目634个，专项赛项目32个。评出一等奖3个、二等奖7个、三等奖13个。而第三届"创响福建"中小企业创新创业大赛，共吸引全省987个项目参赛。集成电路用旋涂碳光刻胶材料研发及产业化项目斩获了企业组一等奖、Holotable全息显示桌面项目荣获创客组一等奖。[④]

---

① 《福建省扶持科技型中小企业发展的政策研究》，中国知网，https://kns.cnki.net/KCMS/detail/detail.aspx? dbcode = CMFD&filename = 1018032922.nh，2017；张蔚婷：《福建省扶持科技型中小企业发展的政策研究》，硕士学位论文，福建农林大学，2017。

② 《〈福建省人民政府关于进一步支持全省中小企业发展十条措施的通知〉政策解读》，福州市人民政府，http://www.fuzhou.gov.cn/zcjd/bs/201909/t20190920_3043528.htm，2019年9月20日。

③ 《第八届福建创新创业大赛在福州落幕 参赛企业数创新高》，中国新闻网，http://www.chinanews.com/cj/2020/09-07/9285057.shtml，2020年9月7日。

④ 《第三届"创响福建"中小企业创新创业大赛落幕 全省987个项目参赛》，新浪网，https://k.sina.com.cn/article_2810373291_a782e4ab02001t43y.html? sudaref = cn.bing.com&display = 0&retcode = 0，2020年8月29日。

在科研创新机构发展以及科技支撑方面，福建成果显著。2020年，福建新增国家高新技术企业1400家、企业技术中心7家、工程研究中心9家，新增省级新型研发机构54家，新增省级以上技术转移机构26家，技术合同成交额增长25.9%。① 数据显示，福建全省已布局建设36家省级产业技术研究院和31家省级产业技术创新战略联盟。福建现拥有国家重点实验室10个、省创新实验室4个、省级重点实验室235个、国家级工程技术研究中心7个、省级工程技术研究中心527个、省级新型研发机构156家。在科技型企业数量方面，福建整体发展状况良好。数据显示，2020年全省入库备案科技型中小企业3527家、省级高新技术企业3748家。新认定国家高新技术企业2946家，总数6481家；新认定国家技术创新示范企业1家、国家企业技术中心7家、省级企业技术中心113家；新认定省科技小巨人领军企业527家，总数2816家。②

创新是引领发展的第一动力，保护知识产权就是保护创新，福建在知识产权发展与保护方面的工作扎实有效。2021年4月，福建省知识产权工作领导小组办公室公开发布的《2020年福建省知识产权发展与保护状况白皮书》显示，2020年，福建省专利申请受理180399件，同比增长17.69%，其中发明专利申请35161件，同比增长16.88%。专利授权145929件，同比增长47.47%，其中发明专利授权10250件，同比增长14.36%。全省共存有效发明专利50756件，同比增长15.9%；每万人口拥有发明专利12.775件，同比增长

---

① 《2021年福建力争全社会研发投入增长20%以上》，新华网，http：//www.fj.xinhuanet.com/yuanchuang/2021－01/25/c_1127022488.htm，2021年1月25日。

② 《2020年福建省国民经济和社会发展统计公报》，福建省人民政府，http：//www.fujian.gov.cn/zwgk/sjfb/tjgb/202103/t20210301_5542668.htm，2021年3月1日。

14.97%；全省专利电子申请率达99.58%，居全国第1位。[①]

科技创新，福建未来力度将更大。福建省政府工作报告提出，2021年，福建将加快建设创新型省份，力争全社会研发投入增长20%以上。福建省人民政府2020年5月出台的《关于促进中小企业平稳健康发展的若干意见》，也将进一步驱动中小企业创新动力，为福建经济高质量发展带来新的动能。

四 闽商助力脱贫攻坚、实现乡村振兴

科技创新为福建经济高质量发展提供切实保障；党的十九大提出的乡村振兴，则是福建建设现代经济体系的重要基础。一个是高端引领，另一个是固本强基，二者相辅相成，不可割裂。福建虽然没有国家级贫困县乡，但福建以更高标准要求自己。2020年，福建在乡村振兴、脱贫攻坚方面成就喜人，闽商在其中发挥了重要作用。

（一）扶贫攻坚的"闽商经验"

脱贫攻坚是国家战略，闽企在这项历史行动中，交出了一份满意的答卷。心有所守，行有所持，在脱贫攻坚中，闽企以产业扶贫、就业扶贫、公益捐赠等多种形式，形成了一套扶贫攻坚的"闽商经验"。

到2020年4月，福建全省1300家民营企业和商会组织结对帮扶1397个贫困村，投入资金7.9亿元，惠及4.9万贫困人口。截至2020年，福建省现行标准下农村建档立卡贫困人口已全部脱贫，

[①] 《福建专利电子申请率居全国首位》，台海网，http://www.taihainet.com/news/fujian/gcdt/2020 - 04 - 20/2377156.html，2020年4月20日。

2201 个建档立卡贫困村全部退出，23 个省级扶贫开发工作重点县全部退出。①

从 2016 年 "百企帮百村" 起步，到 2018 年升级为 "千企帮千村"，闽商通过多种渠道、采取多种模式、利用多种平台，持之以恒推动脱贫攻坚工作，并进一步巩固拓展脱贫攻坚成果。

福建省内闽商，在相关部门的指导下，重点打造精准脱贫的长效机制，从产业扶贫、就业扶贫、捐赠扶贫等多角度进行推动。在产业扶贫方面，闽商根据扶贫村庄特色，制定特别策略，探索产业发展和精准扶贫的双赢模式。在就业扶贫方面，闽商对需要帮扶的对象，定向招工，以就业带动贫困户增收脱贫；通过培训，提高帮扶对象的专业技能水平，激发贫困人群发展的内生动力。在捐赠扶贫方面，闽商重点帮助解决贫困群众就学、就医、住房等急需解决的现实困难。此外，以 "同心·光彩助学" 活动为载体，福建省光彩会捐资 575 万元资助 1150 名贫困大学生，并带动全省民营企业家捐赠 2.12 亿元资助贫困学生 57478 人。②

长汀安踏体育用品有限公司是安踏体育用品有限公司的服装生产基地，专业生产体育运动系列服装产品。公司于 2003 年 10 月在长汀腾飞经济开发区设立首期 15 条生产线。经过两年的艰苦创业，并在当地政府的大力支持下，第二期于 2005 年又设立 12 条生产线，达到 1300 人规模。随着 "安踏" 品牌的高速发展和市场占有率的稳步攀升，公司本着促进老区经济发展的思路，立足长汀的发展战略，于 2006 年斥资征地 81 亩，建设新的工业园区，注册资本 5000 万元，

① 《福建 23 个省级扶贫开发工作重点县全部摘帽》，新华网客户端百度百家号，https：//baijiahao. baidu. com/s？id = 1665293695846999943&wfr = spider&for = pc，2020 年 4 月 29 日。

② 《福建："千企帮千村"助力脱贫攻坚》，东南网，http：//fjnews. fjsen. com/2020 - 04/26/content_ 30280189. htm，2020 年 4 月 26 日。

项目总投资 2.15 亿元，并于 2007 年 6 月搬入新工业园。目前，公司拥有 40 条国际先进水平的服装生产线，可解决就业 2500 人，全部达产后年产值 5 亿元。

在 2020 年 10 月 17 日举行的全国脱贫攻坚奖表彰大会暨先进事迹报告会上，福建圣农发展股份有限公司董事长傅光明获得"全国脱贫攻坚奖奉献奖"。为表彰先进、树立典型，示范引领更多民营企业团结一心、众志成城，夺取脱贫攻坚决战决胜的全面胜利，2020 年 11 月，全国工商联、国务院扶贫办决定授予 100 家民营企业全国"万企帮万村"精准扶贫行动先进民营企业称号。福建有两家企业上榜，分别是福建大东海实业集团有限公司、福建省沈郎油茶股份有限公司。① 2020 年 12 月，中共福建省委实施乡村振兴战略领导小组办公室公布 2020 年度福建省乡村振兴先进单位和先进个人名单。全省共评选出十家"千企帮千村"助村富民明星企业。"千企帮千村"助村富民明星企业正选名单（10 家），包括福建思嘉环保材料科技有限公司、厦门百利控股有限公司、龙海海新集团有限公司、泉州市丰美燎原文化旅游发展有限公司、三明河龙贡米米业股份有限公司、莆田市永丰鞋业有限公司、福建长富乳品有限公司、漳平市国联玩具礼品有限公司、福建省天湖茶业有限公司、福建省平潭水产良种实验有限公司等。②

（二）乡村振兴需要闽商

脱贫摘帽只是新起点，解决相对贫困依旧还有很远的路要走，

---

① 《100 家全国"万企帮万村"精准扶贫行动先进民营企业获表彰》，中华工商网百度百家号，https://baijiahao.baidu.com/s？id＝1683158400281483205&wfr＝spider&for＝pc，2020 年 11 月 12 日。

② 《公示！这些单位、个人拟评为省级先进》，福州新闻网百度百家号，https://baijiahao.baidu.com/s？id＝1686741908718268644&wfr＝spider&for＝pc，2020 年 12 月 22 日。

"现在，到了把中华民族千百年来的绝对贫困问题历史性地画上句号的时候了，但我们奋斗的脚步不会停下！"①"接续推进全面脱贫与乡村振兴有效衔接。"

"吃水不忘挖井人，致富不忘党的恩"，广大闽商是先富起来的那一部分人，要增强饮水思源、不忘党恩的意识，弘扬为党分忧、先富帮后富的精神，对于实现乡村振兴很有意义。

2020年，福建省委实施乡村振兴战略领导小组印发《2020年福建省实施乡村振兴战略十大行动重点任务》，在全省组织实施特色产业发展、人居环境整治、乡村生态保护、文明乡风塑造、乡村治理提升、乡村民生改善、农村脱贫攻坚、人才科技支撑、农村改革创新、农村党建引领等十大行动，着力推进100项重点任务落实。②

省委省政府提出的100项重点任务的全面落实，需要广大省内闽商的全力参与，尤其是特色产业发展，离不开闽商这一支撑力量。茶产业绿色发展工程、设施蔬菜提升工程、特色果业优化工程、现代食用菌产业提升工程、林竹产业提升工程等，不但需要闽商全力参与，闽商也会在产业提升过程中进一步壮大。

2020年福建省乡村振兴重点特色乡（镇）、实绩突出村名单公布，重点特色乡（镇）包括福清市江镜镇、罗源县起步镇、厦门市海沧区东孚街道、龙海市东园镇、安溪县虎邱镇、泰宁县梅口乡、仙游县钟山镇、南平市延平区王台、武平县城厢镇、宁德市蕉城区赤溪镇等。

每一个乡村振兴重点特色乡（镇），都离不开闽商的资金、人才、管理等方面的支持。以福清市江镜镇为例，紧扣"产业兴旺、

---

① 《脱贫摘帽不是终点，而是新起点——习近平总书记在决战决胜脱贫攻坚座谈会上重要讲话引发强烈反响》，人民网，http：//politics.people.com.cn/n1/2020/0311/c1001-31626258.html，2020年3月11日。
② 《福建省确定实施乡村振兴战略十大行动》，中华人民共和国中央人民政府，http：//www.gov.cn/xinwen/2020-03/02/content_5485561.htm，2020年3月2日。

生态宜居、乡风文明、治理有效、生活富裕"总要求，规划提出"田园江镜、滨海画廊"振兴布局，积极打造万亩国家级现代农业产业园，大力引进星源农牧、利农农业等产业龙头企业入驻，① 以乡村企业家为主体加快培育新型农业经营主体，积极鼓励群众设立专业农民合作社、家庭农场等经济组织，取得良好发展。中投大数据显示，江镜镇整体经济实力在全国 32208 个乡镇中，综合排名第 1884 位。②

乡村振兴战略，地方政府出政策、定方向、用干部、做规划、引人才；闽商可以在政府的指导下，综合企业优势，结合当地实际情况，投资兴业、捐资公益；当地农民也可以创业、就业，营造多赢格局。乡村振兴是我们国家一个长期战略，也是中华民族伟大复兴的重要任务。2020 年福建省内闽商，秉持优良传统，听从党的指挥，全力以赴投身乡村振兴，为福建经济继续稳健高质量发展做出了贡献。

不管是抗疫防灾、技术进步，还是产业发展、乡村振兴，在 2020 年，福建省内闽商都贡献良多、成效喜人。闽商也在为国分忧、与民同进的过程中，得到进一步的发展与成长。

---

① 《福清市江镜镇党委书记林忠强·坚持产业高质量发展，推动江镜乡村振兴》，福州新闻网，http://news.fznews.com.cn/fzsync/2020 - 07 - 06/1748522021659. shtml，2020 年 7 月 6 日。

② 《福清市江镜镇投资环境评估分析报告》，中投大数据，http://d.ocn.com.cn/analyse/fujian/jiangjingzhen. shtml。

B.3
2021年境外闽商发展报告

邹挺超 *

摘　要：　2020年，新冠肺炎疫情与中美关系是影响境外闽商发展的两大因素。境外闽商与中国之间的紧密关系在共同抗击新冠肺炎疫情中得到集中反映。新冠肺炎疫情给欧美等地的闽商发展带来了巨大打击，但东南亚闽商由于传统优势明显，虽然受到冲击，但其产业和财富优势仍然不变。由于中国经济在新冠肺炎疫情影响下仍然表现强劲，与中国市场关系密切的东南亚闽商也因此受益，这也激发了境外闽商进一步投入中国市场的热情。2020年，受中美关系的影响，美国政府对中国互联网企业的打压使中国互联网闽商在境外的发展一度受阻，显示出地缘政治和文化冲突是未来影响闽商在海外发展的重要不确定因素。

关键词：　新冠肺炎疫情　中美关系　境外闽商　东南亚闽商

2020年，新冠肺炎疫情给全球政治、经济、外交等多方面带来冲击，也给这一年境外闽商的发展带来巨大影响。概括而言，这一年，境外闽商与中国国内的紧密关系在新冠肺炎疫情中得到集中反

---

* 邹挺超，《闽商》杂志社执行总编辑。

映。2020年新冠肺炎疫情期间，境外闽商积极捐款捐物，助力中国抗疫，在抗疫国际合作方面助力良多。疫情给不少国家的经济造成重大打击，在当地发展的境外闽商也受到不同程度的影响；与此同时，中国经济表现依旧强劲，既拉动了主打中国市场的境外闽商的发展，也带动了境外闽商在国内的投资热度。

2020年境外闽商发展的另一大影响因素是中美关系。这一年美方遏制打压中国以及中国企业的事件不断，这给闽商在境外的发展带来阻碍。随着全球化以及中国倡导推进的"一带一路"建设，许多国内闽商在境外投资发展，尤其是像字节跳动等互联网领域的闽商，境外发展势头迅猛。而2020年美国遏制打压中国企业，字节跳动旗下的抖音海外版TikTok也牵涉其中，成为当年中美关系影响境外闽商发展的一大缩影。

一　境外闽商助力中国抗疫与国际合作

1. 中国抗疫初期，境外闽商捐款捐物，助力祖（籍）国抗疫

2020年第一季度，中国抗击新冠肺炎疫情初期，防疫物资较为缺乏，境外闽商积极捐款捐物，助力国内抗疫，充分体现了境外闽商与中国的血肉联系。

据不完全统计，驰援中国的有马来西亚、菲律宾、新加坡、印度尼西亚、日本、韩国、美国、加拿大、英国、法国、德国、意大利、阿根廷、比利时、新西兰、泰国、越南、柬埔寨、南非、坦桑尼亚等国家和地区的闽籍侨胞。[1]

2020年1月25日，由祖籍福州的马来西亚侨领郭鹤年家族持有

---

[1] 《闽籍华侨华人踊跃捐赠款物支援抗疫》，中国侨网，https://www.chinaqw.com/hqhr/2020/01–30/244333.shtml，2020年1月30日。

的新加坡丰益集团旗下的益海嘉里金龙鱼粮油食品股份有限公司（以下简称"益海嘉里"）紧急采购了10万只医用口罩运抵武汉。此后，益海嘉里又捐赠了总值3000万元的款项和物资，其中2000万元为现金，1000万元为救援物资，支持湖北省抗击新冠肺炎疫情。① 在疫情最严重的第一季度，益海嘉里承担了武汉市场59%食用油、35%大米、40%面粉、30%挂面的供应任务。从1月1日至3月31日，益海嘉里向全国发运米、面、油、挂面等粮油产品总计182万吨，为保障市场供应和物价稳定起到了应有的作用。② 火神山医院和雷神山医院的米面油和蔬菜等全品类供应也由益海嘉里的合作经销商负责。此外，益海嘉里与直营客户华工后勤集团还为16家武汉市本地医院提供餐饮后勤服务。③

2020年1月27日，祖籍泉州的印度尼西亚侨商黄志源旗下的金光集团APP（中国）通过中国华侨公益基金会，捐赠1亿元人民币和价值35万元人民币的清风消毒湿巾。该笔捐款由金光集团董事长兼总裁黄志源主动与中国华侨公益基金会联系，响应中国侨联倡议而捐赠。④

2020年1月26日，由祖籍福清的印度尼西亚著名侨商林文镜创办的融侨集团，通过林文镜慈善基金会向福建省福州市政府捐赠

---

① 《益海嘉里集团捐赠3000万元款项物资支援抗击疫情 保障武汉地区粮油供应》，证券日报百度百家号，https://baijiahao. baidu. com/s？id=165711618463 0944283&wfr=spider&for=pc，2020年2月4日。

② 《益海嘉里获颁抗击新冠肺炎疫情先进集体荣誉称号》，网易，https://www. 163. com/dy/article/FNA3VPQ90518SC94. html，2020年9月24日。

③ 《益海嘉里齐心战疫 驰援湖北》，腾讯网，https://xw. qq. com/cmsid/ 20200228A0E9B600，2020年2月28日。

④ 《响应中国侨联倡议 金光集团APP（中国）为抗击疫情捐赠上亿元》，人民政协网，https://www. rmzxb. com. cn/c/2020–01–28/2512660. shtml，2020年1月28日。

1000万元人民币，其中500万元人民币用于福州市疫情防控专项资金，另外500万元人民币通过福州市政府捐赠给武汉市用于疫情防控。[1]

2020年1月30日，由晋江籍华侨施至成创立的SM中国通过福建省红十字会捐款500万元人民币，支持新冠肺炎疫情防控工作。[2]

2020年2月，祖籍泉州晋江的菲华商联总会永久名誉理事长、菲律宾航空公司董事长陈永栽向中国华文教育基金会捐款1000万元人民币，专项用于支持福建、湖北、辽宁和江西等地抗击新冠肺炎疫情。[3]

此外，闽籍华侨所在的华人华侨社团也纷纷通过使馆或直接向国内有关地区捐款捐物。

新加坡华源会捐赠3580只口罩、2.59万双手套、144副护目镜、50套防护服；菲律宾中国和平统一促进会向中国疫情灾区捐款500万比索（约合人民币68万元）；菲律宾中国商会捐赠60万只医用口罩；菲律宾南安同乡总会、菲律宾南安商会联合菲律宾凤山寺董事会捐款148.1万元，其中100万元捐给家乡南安抗击疫情。[4]

得知家乡口罩等医用防控物资十分紧缺，旅日闽籍侨胞们发动所有人脉，陆续从不同渠道筹集物资，并以最快速度寄送回国。日本福建经济文化交流会、日本福州十邑同乡总会、日本晋江同乡联谊会、日本泉州商会、日本黄檗文化促进会、日本莆仙同乡会、日

---

① 《侨企助力抗击新型肺炎疫情 首批医疗防护物资抵福州》，中国侨网，https：//www.chinaqw.com/hqhr/2020/01-30/244337.shtml，2020年1月30日。
② 《SM中国捐款500万元！商户租金15天减半！》，搜狐网，https：//www.sohu.com/a/369718934_688876，2020年1月31日。
③ 《华裔亿万富豪确诊新冠，去年曾捐款1000万元支持中国抗疫》，凤凰网，https：//news.ifeng.com/c/85hCTbEz988，2021年4月24日。
④ 《助力抗"疫"，闽商彰显责任与担当》，《闽商》2020年第3期，第40页。

中福清工商会等纷纷献爱心。多批日本闽籍侨团侨企捐赠的防疫物资由厦门航空承运回国，从福州长乐机场等口岸入境，助力中国防抗疫情。①

美国夏威夷福建总商会收到福建政府部门为支持祖国抗疫发起的倡议后，立即在当地发起募捐，筹集抗疫善款，助力家乡抗击新冠肺炎疫情。美国福建工商总会、美国福建华人联合会、美国大费城连江同乡会、美国长乐公会、美东华人社团联合总会、美国福建猴屿联谊会、美国福建妇女友好联盟总会、美国福州琅岐同乡会、美国福建医学会、美国南平同乡会、美国宾州华人侨团联盟、美国连江公会、美国福建会馆等多个旅美闽籍华人华侨社团加入抗击疫情行动中。②

法国福建同乡联合会通过多种渠道购到 125 箱计 12500 只医用标准口罩，捐送给福建省红十字会；法国福州十邑同乡会会长石忠胜向福建省红十字会捐赠外科口罩 25000 只。③

据不完全统计，截至 2020 年 2 月 19 日，福建省收到海外华侨华人捐赠口罩 1042 万只，防护服 6.8 万套，手套 476.6 万双，测体温仪器 2927 个，护目镜 16094 副，医用靴鞋帽 22.4 万件，隔离服 3.2 万件，防护眼、面罩 3686 个，捐款 5740 万元。④

2. 助力抗疫国际合作，投身住在国抗疫行动

境外闽商不仅积极捐款捐物助力中国抗疫，在加强抗疫国际合作、助力住在国抗疫等方面，也贡献良多。

2020 年 3 月，新冠肺炎疫情在菲律宾爆发。菲律宾华社救灾基金迅速成立，并协调了价值 2.6 亿比索（约合人民币 3600 万元）的

---

① 《助力抗"疫"，闽商彰显责任与担当》，《闽商》2020 年第 3 期，第 40 页。

② 《助力抗"疫"，闽商彰显责任与担当》，《闽商》2020 年第 3 期，第 40 页。

③ 《旅法华侨华人掀抗疫捐赠潮》，搜狐网，https://www.sohu.com/a/370238691_100020627，2020 年 2 月 3 日。

④ 《助力抗"疫"，闽商彰显责任与担当》，《闽商》2020 年第 3 期，第 40 页。

食品包、大米和防护用品向菲律宾政府机关、医院及当地民众发放，受到该国各政府部门和民众的赞许和肯定。2020 年 4 月，菲华商联总会、菲华各界联合会、菲律宾中国商会三大社团以及中华崇仁医院在中国驻菲律宾大使馆协调下，联合成立菲华抗疫委，下设后勤物资保障、紧急救援热线服务、住院治疗协调、对菲政府及医疗机构联络 4 个工作小组，助力该国抗疫。① 菲律宾华侨华人中，闽籍占大多数，菲华商联总会、菲华各界联合会、菲律宾中国商会等三大社团也有较多闽籍华商。

据祖籍福建福州的印度尼西亚中华总商会常务副总主席、执行主席张锦雄介绍，自疫情开始以来，印度尼西亚华侨、华人、华商、华社积极捐资筹款，采购、捐赠防疫物资和生活物资，担负起"大众抗疫"的职责。印度尼西亚中华总商会从中国采购了整货柜防疫物资，包括防护服、护目镜、试剂盒等，直接捐赠给印度尼西亚卫生部和收治新冠肺炎患者的一线定点医院；一些华社则派出专门人员长驻中国把关采购，源源不断地将医疗物资运到印度尼西亚，捐赠给抗疫一线。②

美国纽约总领馆领事颜鹏介绍，总领馆向侨界发出了帮扶留学生"爱心守护、同心战疫"的倡议之后，美国福建公所、长乐公会、福建工商总会、福建会馆、福建侨联总会等多个侨团迅速响应，主动帮助纽约的福建留学生，并提供第一批侨团爱心守护人名单和应急协助热线。③

日本泉州商会常务副会长许哲文为侨胞提供国际免费专线，可通过该专线拨打福建 12320 卫生健康热线；英国福建同乡联谊总会成立

---

① 《疫情下的菲律宾华侨华人：帮菲律宾就是帮我们自己》，中国新闻网，https://www.chinanews.com/hr/2020/05 - 08/9178844.shtml，2020 年 5 月 8 日。

② 《印尼侨领张锦雄：华侨华人积极投身抗疫助力稳定经济》，中国新闻网，https://backend.chinanews.com/hr/2020/08 - 14/9264870.shtml，2020 年 8 月 14 日。

③ 《战"疫"中的福建力量》，台海网，http://www.taihainet.com/news/fujian/gcdt/2020 - 03 - 29/2370427.html，2020 年 3 月 29 日。

5 个志愿者小组，并在微信公众号上发布旅英乡亲疫情防护服务指南；捷克福建同乡会建立了欧洲福建华侨华人抗疫物资保障供应站，为乡亲提供防疫物资；意大利旅意福建华侨华人同乡总会向普拉托医院和米兰红十字会捐赠 6620 只 N95 口罩、400 件防护服、3 万双医用手套等物资，支持意大利抗疫;① 西班牙福建同乡会通过微信群接龙，筹集善款 2.5 万多欧元支援医疗物资告急的当地医院，同乡会还建立 10 多个微信群，连接阿里健康等国内在线平台和福建 12320 卫生健康热线，提供防疫指南和保健卫生须知，并发布宣传视频，提醒侨亲加强自我防护，配合当地抗疫行动。②

二 新冠肺炎疫情对境外闽商发展的影响

1. 疫情对世界经济的影响波及境外闽商，北美闽商转向线上经营，欧洲等地餐饮、旅游业受到冲击

新冠肺炎疫情给境外闽商住在国经济、社会等诸多方面带来巨大影响。从确诊人数看，美国、印度、巴西、俄罗斯、英国、法国、意大利、西班牙、德国、哥伦比亚是 2020 年确诊人数最多的 10 个国家，这 10 个国家新冠肺炎确诊总人数高达 5400 万人，占比超过全球确诊人数的 65%。③ 在上述国家发展的闽商所受影响也较大。

以美国为例，在美国发展的闽商大多从事餐饮业，在疫情影响下，这些中餐馆受到巨大冲击，一些中餐馆不得不改变经营模式，取

---

① 《战"疫"中的福建力量》，台海网，http：//www. taihainet. com/news/fujian/gcdt/2020－03－29/2370427. html，2020 年 3 月 29 日。
② 《展示闽侨力量 海外闽籍侨胞同心抗疫》，中国侨网，https：//www. chinaqw. com/gqqj/2020/04－03/252333. shtml，2020 年 4 月 3 日。
③ 《"一带一路观察"2021 新冠肺炎的影响与经济展望》，亚布力中国企业家论坛百度百家号，https：//baijiahao. baidu. com/s？id＝1688429163327627277&wfr＝spider&for＝pc，2021 年 1 月 10 日。

消堂食，转为外卖、电商等售卖方式。疫情波及美国餐饮、服饰、健身、汽车、旅游、航空、能源等各个行业，而个体商户受影响尤为巨大。不过，疫情也使得华人电商发展迅速。美国最大的亚洲商品购物网站亚米网创始人兼 CEO 周游表示，美国线上生意所受影响不大，销售额反而有所增长。2020 年 6 月、7 月的销售额是 2019 年同期的 5～6 倍，疫情期间平均每天有 1 万多笔订单，其中最火爆的商品是食品、调料、厨房电器、餐厅用具。美国大量门店受疫情影响关店停业，使日常生活消耗品供不应求，而电商平台恰恰缓解了这方面的市场压力。[①]

受到疫情影响，意大利华人企业也受到不小冲击，米兰华人从事的餐饮业、食品超市、设计公司、服装店等一度陷入逾九成停业的困境。米兰华人街原本是当地十分知名的中餐一条街，疫情期间几乎全部歇业。意大利北部餐饮业协会会长周斌表示，新冠肺炎疫情对华商影响非常大。他以一家店铺为例，此前星期六该店铺可接待两三百人，但 2020 年 2 月疫情期间只有 20 多人的客流量。意大利酒吧协会会长王焱军称，伦巴第大区和威尼托大区三成至五成的华人酒吧疫情期间全部停业。意大利华侨华人饮食行业协会会长舒建国表示，疫情较为严重的地区是意大利北部，那里的华人餐饮业受到极大影响，多数餐饮业店主无奈关门。此外，罗马华人酒吧也大量停业。[②]

西班牙华商经营的餐厅营业额也大减。据《欧洲时报》西班牙版编译报道，从 2020 年 3 月开始，许多华人企业家已选择暂停营业。至当年 10 月才陆续复工。[③]

---

① 《疫情冲击下，美国华人电商以变应变加速发展》，中国侨网，https://www.chinaqw.com/hqhr/2020/08－05/265331.shtml，2020 年 8 月 5 日。
② 《受新冠肺炎疫情影响　意大利华人商家生意惨淡》，海外网，https://italy.haiwainet.cn/n/2020/0228/c3543003－31729698.html，2020 年 2 月 28 日。
③ 《西班牙华商复工：疫情期间经营艰难　努力坚持不言弃》，中国侨网百度百家号，https://baijiahao.baidu.com/s?id=1681500942063438935&wfr=spider&for=pc，2020 年 10 月 25 日。

从 2020 年 2 月至 10 月，欧洲华语旅游业受到巨大影响，业务停顿。欧洲华人旅游联合总会第一秘书长、全法华人旅行社协会会长石恒余表示，新冠肺炎疫情使许多旅行社遭遇了"断崖式"的业务停顿。由于欧洲疫情问题，海关关闭、飞机停运，大部分 ACAV 会员单位的旅游业务处于停滞状态，5% 的会员社选择企业停产休眠，等待疫情结束再重新启动，20% 的会员社业务量仅为 2019 年同期的 1% ~ 15%，其他会员社没有业务，收入为 0。①

除上述国家和地区之外，澳大利亚有 80% 华商企业受到冲击，尤其是建筑行业、建材行业和电商等行业，由于目标客户都在本地，市场形势不容乐观。新西兰连锁餐饮品牌金味德兰州拉面业主阳敏表示，由于新西兰一些城市封城，疫情期间店内客流量只有疫情前的 30% 左右。委内瑞拉华商也受到影响，经营超市、餐馆和工厂的华商在疫情期间一度只有超市允许正常营业。华商只能采取变通的方法自救，通过代卖食品之类的方式让店铺能够按政府规定时间每天开门营业。② 同样，日本华人饮食业也遭遇冲击，顾客大量减少。③

2. 东南亚闽商产业虽受疫情影响，但优势不变，食品行业尤为受益，发展迅速

东南亚是境外闽商最为集中的聚集地，无论就财富还是产业影响力而言，境外闽商在东南亚诸国都占据重要地位。疫情虽然对该区域闽商的发展同样带来不小的影响，但总体而言，闽商在东南亚的产业虽受影响，但优势仍然不变。

① 《多国疫情反弹　海外华商面对挑战逆势而上》，中国侨联之声，http：// www. chinaql. org/n1/2020/1103/c434274 – 31917252. html，2020 年 11 月 3 日。
② 《多国疫情反弹　海外华商面对挑战逆势而上》，中国侨联之声，http：// www. chinaql. org/n1/2020/1103/c434274 – 31917252. html，2020 年 11 月 3 日。
③ 《新冠肺炎疫情冲击日本华人饮食业　顾客大量减少》，中国新闻网，https：// www. chinanews. com/hr/2020/03 – 03/9111683. shtml，2020 年 3 月 3 日。

　　根据胡润 2020 年 4 月发布的《疫情两个月后全球企业家财富变化特别报告》，在全球百强企业中，祖籍泉州的印度尼西亚华商黄惠忠、黄惠祥兄弟在截至 2020 年 3 月 31 日的两个月内财富变化分别为 -22%、-21%。[①]　其 2020 年 6 月发布的《疫情四个月后全球企业家财富变化特别报告》也显示，截至 2020 年 5 月 31 日，黄惠忠的财富变化为 -22%。[②]

　　尽管该报告仅统计了全球百强企业，但也显示了疫情对东南亚

---

①　《全球百强企业家近两月财富损失 2.6 万亿人民币〈疫情两个月后全球企业家财富变化特别报告〉》，胡润百富微信公众号，https：//mp. weixin. qq. com/s?＿＿biz = MjM5MDcOMjY0MA = = &mid = 2650559193&idx = 1&sn = 494c8d22d6433364bf237959e3b02b4d&chksm = be48d3c6893f5ad0e45ff827bd79519d5a830e3d24fd100f68f2c7058cfb253dc6c272daa007&mpshare = 1&srcid = 0427UcKLLQaoSaINrp0XFdog&sharer＿ sharetime = 1619486290741&sharer＿ shareid = edd6283a38965db4627a77f595d691ee&from = singlemessage&scene = 1&subscene = 10000&clicktime = 1621390178&enterid = 1621390178&ascene = 1&devicetype = android － 30&version = 280003ab&nettype = WIFI&abtest＿ cookie = AAACAA% 3D% 3D&lang = zh＿CN&exportkey = AyPgXXBlJS4QuoJoXjnQxPk% 3D&pass＿ ticket = 6g% 2FOuGsbTEurx4AxI9zllA4VOqiPDLZkleVimVMi6ZsUAanxEgwGqGtkK1XrdS2K&wx＿ header = 1，2020 年 4 月 6 日。

②　《黄峥平均每天增长 10 个亿的财富！〈疫情四个月后全球企业家财富变化特别报告〉发布》，胡润百富微信公众号，https：//mp. weixin. qq. com/s?＿＿biz = MjM5MDcOMjY0MA = = &mid = 2650561974&idx = 1&sn = 0d5c7f7354965de2a62942a53983632a&chksm = be48dca9893f55bff3f51647466610514031863d47f8c6f6f27184d8768052b449483a6e50228&mpshare = 1&srcid = 0427Hr8Rp5m0ggGbYT5J9xOH&sharer＿ sharetime = 1619486337834&sharcr＿ shareid = edd6283a38965db4627a77f595d691ee&from = singlemessage& scene = 1&subscene = 10000&clicktime = 1621390302&enterid = 1621390302&ascene = 1&devicetype = android － 30&version = 280003ab&nettype = WIFI&abtest＿ cookie = AAACAA% 3D% 3D&lang = zh＿CN&exportkey = A6l% 2FUHvYCx2w3XIhqV4LRoA% 3D&pass＿ ticket = 6g% 2FOuGsbTEurx4AxI9zllA4VOqiPDLZkleVimVMi6ZsUAanxEgwGqGtkK1XrdS2K&wx＿ header = 1，2020 年 6 月 23 日。

闽商财富的影响。而从"胡润 2021 全球富豪榜"① 与"胡润 2020
全球富豪榜"② 的对比中，我们可以更清楚地看到，尽管总体而言财
富数额变化并不大，但是大多数东南亚闽商在胡润全球富豪榜中的排
名是下降的（见表1）。

表1　"胡润 2021 全球富豪榜"与"胡润 2020 全球富豪榜"中的
东南亚闽商财富变化对照

单位：亿元人民币

姓名	2021 年排名	2021 年财富	2020 年排名	2020 年财富	企业	国家
郭鹤年	75	1500	91	1050	马来西亚郭氏集团	马来西亚
黄惠忠	104	1230	60	1260	中亚银行	印度尼西亚
黄惠祥	117	1150	68	1190	中亚银行	印度尼西亚
郭令灿	385	480	230	590	新加坡丰隆集团	马来西亚
黄祖耀	430	435	291	500	新加坡大华银行集团	新加坡
黄志达	484	395	368	420	新加坡远东机构	新加坡
黄志祥	484	395	368	420	新加坡远东机构	新加坡
林逢生	498	380	555	320	第一太平有限公司	印度尼西亚
蔡道平	620	330	326	460	印度尼西亚盐仓集团	印度尼西亚
林宏修	846	255	762	250	融侨集团	印度尼西亚
郭孔丰	978	220	903	210	丰益国际集团	新加坡
郭令明	1040	205	555	320	城市发展集团	新加坡
施汉铭	1130	195	958	200	SM 投资	菲律宾
施汉生	1283	175	958	200	SM 投资	菲律宾
施俊麟	1283	175	1054	190	SM 投资	菲律宾
施俊龙	1283	175	1097	180	SM 投资	菲律宾
陈永栽	1409	160	1365	150	菲利普·莫里斯	菲律宾
陈江和	1409	160	1303	150	新加坡金鹰集团	印度尼西亚

① 《2021 年世茂港珠澳口岸城·胡润全球榜》，胡润百富，https：//www. hurun. net/zh
－CN/Rank/HsRankDetails？num＝IH8GTUI9。
② 《2020 年世茂深港国际中心·胡润全球榜》，胡润百富，https：//www. hurun.
net/zh－CN/Rank/HsRankDetails？num＝PYSXN53E。

续表

姓名	2021年排名	2021年财富	2020年排名	2020年财富	企业	国家
施蒂丝	1473	155	1097	180	SM 投资	菲律宾
吴聪满	1537	150	2142	90	美佳世界集团	菲律宾
陈觉中	1537	150	1607	130	快乐蜂食品集团	菲律宾
施美致	1699	135	1303	150	SM 投资	菲律宾
翁俊民	1764	130	1146	180	Mayapada 银行	印度尼西亚
魏成辉	1868	125	2142	90	新加坡第一家食品集团	新加坡
吴笙福	2050	110	1891	110	丰益国际集团	印度尼西亚
林国泰	2686	80	1805	110	云顶集团	马来西亚

数据来源：胡润百富。

榜单同样显示，一些东南亚闽商在疫情挑战中的表现相当亮眼。

"胡润 2021 全球富豪榜"的东南亚闽商首富郭鹤年，其排名从 2020 年的第 91 位上升到第 75 位，财富值也从 1050 亿元增长为 1500 亿元。这种增长得益于他和侄子郭孔丰共同创立的丰益国际集团（以下简称"丰益国际"）。丰益国际 2020 年报显示，该集团应对新冠肺炎疫情挑战，在 2020 年取得了"一系列强有力的成果"，食品、饲料和工业产品等业绩表现良好，使得集团在 2020 财年净利润增长 18.6%，达到 15.3 亿美元。由于棕榈和糖的价格在年内上涨，种植业和制糖业的业绩也有所改善。2020 财年，总销量增长 10.1% 达到 8880 万吨，收入增长 18.5% 达到 505.3 亿美元。①

其中，最值得一提的是丰益国际集团旗下的益海嘉里。益海嘉里是中国重要的农产品和食品加工企业，主要产品为厨房食品、饲料原

---

① 《丰益国际 2020 年报》，丰益国际官网，https://www.wilmar-international.com/annualreport2020/pdf/Wilmar-International-AR2020.pdf，最后访问日期：2021 年 9 月 12 日。

料及油脂科技产品等。① 旗下拥有"金龙鱼""欧丽薇兰""胡姬花""香满园"等品牌。② 2020 年 10 月 15 日，益海嘉里在深圳证券交易所创业板上市，开盘即上涨超 90%，总市值超过 2600 亿元。③ 自 2012 年以来，益海嘉里对丰益国际年营业额和净利润的贡献率分别是 60% 和 40%。④

祖籍福清的林逢生，其所持有的第一太平有限公司（以下简称"第一太平"）发布的《2020 年全年业绩》显示，尽管经历新冠肺炎疫情挑战，其旗下的印度尼西亚最大的纵向综合食品公司 Indofood 在 2020 年依然维持增长势头，对集团溢利贡献达 1.944 亿美元，比上一年上升 19%。2020 年 8 月，Indofood 还收购了即食面制造商 Pinehill。对于第一太平旗下主营网络的 PLDT 来说，由于 PLDT 是菲律宾电信及数码服务供应商，疫情后菲律宾实施的隔离措施使网络需求增加，其对集团溢利贡献达 1.349 亿美元，比上一年上升了 13%。受影响较大的是第一太平旗下负责基建业务的 Metro Pacific Investments Corporation，由于菲律宾政府为应对新冠肺炎疫情实施隔离措施，导致收费道路车流量减少、商业及工业界对用水和用电需求下降，使得 Metro Pacific Investments Corporation 对集团溢利贡献减少 33%。⑤

企业业绩的突出表现，也使林逢生在胡润全球富豪榜中的排名从

---

① 益海嘉里集团官网，集团简介，https：//www. yihaikerry. net. cn/GroupIntroduce/introduce. aspx。

② 《益海嘉里："金龙鱼"IPO 背后的那些事》，搜狐网，https：//www. sohu. com/a/321400277_ 313170，2019 年 6 月 18 日。

③ 《金龙鱼今日上市，股价涨超 90%，总市值超 2600 亿元》，新京报，http：//www. bjnews. com. cn/finance/2020/10/15/777733. html，2020 年 10 月 15 日。

④ 《丰益国际 2020 年报》，丰益国际官网，https：//www. wilmar – international. com/annualreport2020/pdf/Wilmar – International – AR2020. pdf，最后访问日期：2021 年 9 月 12 日。

⑤ 第一太平有限公司 2020 年全年业绩，香港交易所，https：//www1. hkexnews. hk/listedco/listconews/sehk/2021/0330/2021033000502_ c. pdf，2021 年 3 月 30 日。

2020 年的 555 名上升为 2021 年的 498 名，财富值增长了 60 亿元。

由榜单不难发现，从事食品行业的东南亚闽商在 2020 年发展较为迅猛。丰益国际、第一太平的增长都得益于食品板块的贡献。而榜单中排名上升较大的陈觉中、魏成辉也都是从事食品行业。

由于东南亚多个国家封闭，旅游业受到影响，航空业也受到重创。陈永栽旗下的菲律宾航空公司仅 2020 年第一季度就亏损 1.83 亿美元，不得不裁员 2700 名。尽管如此，其仍被评为疫情期间旅行安全性最高的前 10 家航空公司之一。①

3. 中国成少数 GDP 正增长国家，境外闽商深耕中国市场获益，投资中国热情不减

在新冠肺炎疫情影响下，绝大多数国家和经济体的 GDP 出现负增长，失业率大幅上升，国际贸易萎缩，国际投资断崖式下跌，资本市场大起大落，债务水平持续上升，但中国是全球唯一经济正增长的主要经济体。② 这也使得许多深耕中国市场的境外闽商获益，上述丰益国际旗下的益海嘉里就是其中最典型的例子。

根据益海嘉里 2020 年度报告，该公司 2020 年实现营业收入 1949 亿元，同比增长 14.2%，实现归属于上市公司股东的净利润 60 亿元，同比增长 11%。③ 受疫情的影响，公司各个渠道的销量出现结构

---

① 《陈永栽的菲律宾航空宣布裁员 2700 人　被评为最安全航空公司之一》，闽商观察微信公众号，https://mp.weixin.qq.com/s?sub&__biz=MjM5MzExMzE3NA==&mid=2649780525&idx=1&sn=d5acea5fd7079a1ce202a9ed3f7e9fb4&chksm=be9f241489e8ad02345ddc22292d5b86a007e5fcd39d571ec484a0d9d830fa8e5698098b42c4&&scene=19&subscene=10000&clicktime=1621394067&enterid=1621394067#rd，2020 年 10 月 16 日。
② 《2020 年中国 GDP 超百万亿　三大原因成就"全球唯一正增长"》，搜狐网，https://www.sohu.com/a/445192762_119038，2021 年 1 月 18 日。
③ 《益海嘉里金龙鱼粮油食品股份有限公司 2020 年年度报告》，东方财富网，https://pdf.dfcfw.com/pdf/H2_AN202103231475189957_1.pdf?1616525764000.pdf，2021 年 3 月 23 日。

性变化，面向家庭消费的小包装产品和面向食品工业客户的产品销量提升，而由于餐饮业受到冲击，餐饮渠道产品销量出现下滑。公司面对挑战，针对各个渠道的特点加大营销及服务力度，使2020年内总体销量稳步增长，其中零售及餐饮渠道的合计销量约为1264万吨，相较上年增长6.9%。①

从1991年第一瓶"金龙鱼"小包装食用油面世以来，益海嘉里已经深耕中国市场30年。在中国境内的总投资超过300亿元人民币，现有员工约3万人，在全国26个省、自治区、直辖市，建成和在建生产基地70多个，生产型实体企业100多家，拥有300个以上的综合加工车间，主要涉足油籽压榨、食用油精炼、专用油脂、油脂科技、玉米深加工、小麦深加工、大豆精深加工、水稻循环经济、食品原辅料、粮油科技研发等产业。②

益海嘉里所拥有的"金龙鱼""欧丽薇兰""胡姬花"等已经成为中国综合食品行业的知名品牌。根据世界品牌实验室2020年数据，"金龙鱼"品牌价值超过人民币450亿元。根据尼尔森2020年数据，在小包装食用植物油、包装面粉、包装米现代渠道市场中，益海嘉里所占市场份额均为第一。公司在饲料原料、油脂科技行业市场占有率排名也跻身前列。③

2020年，益海嘉里在中国上市，也显示其深耕中国市场的决心。在丰益国际2020年报封面上，专门将在中国IPO及加速增长作为标

---

① 《益海嘉里金龙鱼粮油食品股份有限公司2020年年度报告》，东方财富网，https：//pdf. dfcfw. com/pdf/H2_ AN202103231475189957_ 1. pdf? 1616525764000. pdf，2021年3月23日。

② 《金龙鱼公司概况》，东方财富网，http：//f10. eastmoney. com/f10_ v2/CompanySurvey. aspx? code = sz300999，最后访问日期：2021年5月19日。

③ 《益海嘉里金龙鱼粮油食品股份有限公司2020年年度报告》，东方财富网，https：//pdf. dfcfw. com/pdf/H2_ AN202103231475189957_ 1. pdf? 1616525764000. pdf，2021年3月23日。

题，并在年报中大篇幅加以论述①，也体现了这一点。益海嘉里总裁穆彦魁表示，未来三五年益海嘉里在中国的投资将会超过过去30年的总和。②

从益海嘉里的案例可以看出，历经2020年新冠肺炎疫情挑战而仍维持正增长的中国，备受境外闽商的关注。境外闽商对中国的投资热情不减。

2020年7月6日，新加坡金鹰集团（以下简称"金鹰集团"）旗下亚太森博（广东）纸业有限公司与广东江门市政府签署合作框架协议，将在广东银洲湖纸业基地新增投资200亿元，建设90万吨文化纸等项目。此前，6月18日，金鹰集团还与江苏如皋市签订了总投资超过400亿元的产业园项目。③

金鹰集团是集林浆纸、农产品工业、特种纤维素与纤维素纤维和能源开发于一体的多元化跨国工业集团。其创始人陈江和祖籍福建莆田，他在中国的投资，始于20世纪90年代，他所投资的赛得利（江西）化纤有限公司，是中国第一家完全由外商投资的纤维素纤维企业，如今赛得利在中国已经拥有4家纤维素纤维工厂，年产能110万吨，是全球最大的纤维素纤维生产商。陈江和在中国的投资，贯彻了他绿色发展的理念。金鹰集团曾在厦门投资建成中国第一家外商独资的液化天然气发电厂，并在江苏如东与中国石油等合资建设了中国第二座中外合资的液化天然气接收站，为推动中国清洁能源发展做出不少贡献。④

---

① 《丰益国际2020年报》，丰益国际官网，https：//www. wilmar - international. com/annualreport2020/pdf/Wilmar - International - AR2020. pdf，最后访问日期：2021年9月12日。

② 《郭鹤年家族：马来西亚首富掘金中国》，《闽商》2020年第9期，第30页。

③ 《陈江和：为中国绿色发展贡献力量》，《闽商》2020年第9期，第24页。

④ 《陈江和：为中国绿色发展贡献力量》，《闽商》2020年第9期，第25~26页。

除了粮油食品及绿色能源，关注中国城市发展的境外闽商也为数众多。2020 年 6 月，祖籍晋江的菲律宾侨领施至成创立的 SM 集团摘得厦门海沧地块，拟打造新的城市综合体。从 2001 年进入中国至今，SM 集团已经在中国建设了 10 座商业综合体，接近其在全世界的大型购物中心数量的 1/8。① 祖籍福建同安的郭令明旗下的新加坡丰隆集团，则在 2020 年收购了重庆协信地产，进军中国大西南。②

三 国际形势变化与国内闽商在境外的发展

1. 国内闽商在境外发展的几种形式

在经济全球化时代，企业跨国经营已经成为基本趋势。随着中国倡导的"一带一路"建设，更多的中国企业走出国门，寻求更广阔的市场空间。闽商也不例外。

闽商在境外发展的一种形式，是在当地建设工厂。其中，以福耀玻璃工业集团股份有限公司（以下简称"福耀玻璃"）、宁德时代新能源科技股份有限公司（以下简称"宁德时代"）等制造业领域的闽商为主要代表。

2016 年 10 月 7 日，福耀玻璃投资的位于美国俄亥俄州代顿地区南部莫瑞恩市的福耀玻璃美国有限公司汽车玻璃工厂正式竣工投产，成为全球最大的汽车玻璃单体工厂。福耀玻璃对俄亥俄州工厂的总投资约 6 亿美元，是俄亥俄州历史上最大的一笔中国投资。③ 在此之前，福耀玻璃还在俄罗斯建设工厂并于 2014 年投产。2018 年底，位于德国的福耀欧洲公司新厂竣工，主要面向宝马、奥迪、大众等欧洲传统汽

---

① 《施至成家族：一半乡情，一半商业》，《闽商》2020 年第 9 期，第 46 ~ 47 页。
② 《郭令明：二代侨商的中国故事》，《闽商》2020 年第 9 期，第 32 页。
③ 《福耀集团：全球最大汽车玻璃单体工厂在美国竣工投产》，网易，https：// www. 163. com/news/article/C35UEE1P000146BE. html，2016 年 10 月 12 日。

车品牌提供玻璃增值服务，并对接德国先进制造技术与装备工艺。2019 年，福耀玻璃还收购了德国老牌汽车零部件公司 SAM 资产，主要生产和销售铝亮饰条，提升福耀玻璃的汽车玻璃集成化能力和产品附加值。①

福耀玻璃主要向中国、美国、英国、香港、德国、日本等多个国家及地区的配套及配件客户销售汽车玻璃。其配套客户包括全球前二十大汽车生产商（按产量计），如丰田、大众、通用汽车、福特、现代等。在欧美建厂，可以增强客户黏性与下单信心，并可利用其部分材料及天然气、电价的优势规避成本波动风险。②

与其类似的还有深耕新能源汽车动力电池领域的宁德时代。2019 年，宁德时代在德国的首个海外工厂正式动工，该项目建成后将成为德国最大的锂电池工厂，预计 2022 年可实现 14GWh 的电池产能。③ 德国是宁德时代所服务的多个海外重要客户的总部所在地，在当地设立工厂，可以很好地贴近客户。

对境外企业进行投资并购也是国内闽商在境外发展的重要形式。2020 年，宁德时代董事会审议通过了《关于开展境内外产业链相关投资的议案》，提出推进全球化战略布局，拟围绕主业，以证券投资方式对境内外产业链上下游优质上市企业进行投资，投资总额不超过 2019 年末经审计净资产的 50%，即不超过 190.67 亿元（不含本数）

① 《福耀集团：中国玻璃的全球化之路》，中华全国工商业联合会，https://www.acfic.org.cn/fgdt1/minqifengcai/201905/t20190517_123778.html，2019 年 5 月 17 日。
② 《福耀玻璃工业集团股份有限公司 2020 年年度报告》，东方财富网，https://pdf.dfcfw.com/pdf/H2_AN202103291478025315_1.pdf?1617040682000.pdf，2021 年 3 月 29 日。
③ 《宁德时代欧洲工厂正式动工 2022 年产能将达 14GWh》，新浪财经，https://finance.sina.com.cn/roll/2019-10-22/doc-iicezuev4091625.shtml，2019 年 10 月 22 日。

人民币或等值币种。①

在并购方面比较成功的企业有体育行业的安踏体育用品有限公司（以下简称"安踏"）。2009 年，安踏收购 1911 年创立的意大利品牌 FILA，2020 年 FILA 分部贡献集团整体收入的 49.1%，撑起安踏整体业务增长。此外，安踏还收购了日本高端专业运动品牌迪桑特，以及韩国知名运动品牌 KolonSport（可隆）。2019 年，安踏还与方源资本等组成投资者财团，斥资 46 亿欧元收购芬兰亚玛芬体育。年报显示，迪桑特深耕一二线城市，店效大幅提升；可隆店效快速增长，实现盈利；亚玛芬旗下的始祖鸟品牌已实现正增长，亚玛芬体育集团也已达成全年业绩指标。② 这些都显示出安踏通过并购海外品牌所构建的多品牌战略的成功。

2020 年初安踏还发布了全球化战略，提出未来五年海外业务将占到 15%，并表示已经在东南亚组建了合资公司，并在上海成立了全球零售总部。③

对于互联网企业而言，全球化对于打破国内业务增长瓶颈、在全球范围内整合技术、人才等资源尤为重要。闽商互联网企业在全球化方面的表现也较为突出。

2010 年进军在线教育领域的网龙网络有限公司（以下简称"网龙"），已经成为全球在线及移动互联网教育行业的主要参与者，2019 年其教育业务已覆盖 190 多个国家和地区的 130 余万间教室。

① 《宁德时代新能源科技股份有限公司 2020 年年度报告》，东方财富网，https：// pdf. dfcfw. com/pdf/H2_ AN202104271488223031_ 1. pdf？1619562251000. pdf，2021 年 4 月 27 日。

② 《安踏体育用品有限公司 2020 年年度报告》，香港证券交易所，https：//www1. hkexnews. hk/listedco/listconews/sehk/2021/0401/2021040101998_ c. pdf，2021 年 4 月 1 日。

③ 《安踏集团发布 2020 年战略主题：重构思维，高质量增长》，搜狐网，https：//www. sohu. com/a/366940129_ 120518868，2020 年 1 月 14 日。

在俄罗斯，网龙旗下的普罗米修斯互动大屏中标"智慧城市"计划，2018年，覆盖教室数量超过2万间。在埃及，普罗米修斯深度参与政府的教育提升项目。在印度，网龙产品进入当地市场已经超过10年，超过10万间教室采用了网龙普罗米修斯互动课堂解决方案。在哈萨克斯坦，网龙普罗米修斯互动大屏接入该国2万间教室中。①

字节跳动旗下的视频分享应用抖音海外版TikTok更是近年来中国互联网企业在海外成功的代表。在2018年初，TikTok就已经成为世界上下载次数最多的应用程序之一。2020年2月，TikTok成为全球下载量最高的非游戏类应用，且收入位居第三。其在全球下载排名最大的5个市场分别为：印度（25%）、巴西（9.6%）、印度尼西亚（9.5%）、美国（7%），以及中国（4%）。② 截至2020年12月15日，抖音及TikTok以9.6亿次下载蝉联全球娱乐应用下载榜冠军，并以12.6亿美元预估收入夺得全球娱乐应用收入榜冠军，较2019年增长了590%。③

字节跳动的全球化战略始于2015年。2017年，字节跳动推出TikTok，作为抖音视频应用的海外版本，此后又收购了美国短视频应用Musical.ly，很快成为美国下载量最多的社交媒体应用。2018年，字节跳动首次披露全球化战略，提出技术出海，为全球用户提供统一的产品体验，针对不同市场采取符合当地需求的本土化运营策略，建

---

① 《网龙："一带一路"上的教育推手》，《人民画报》，http：//www.rmhb.com.cn/zt/ydyl/201907/t20190710_800173190.html，2019年7月10日。

② 《抖音海外版TikTok霸榜2月全球应用市场 跨境社交电商迎来新风口?》，网易，https：//www.163.com/dy/article/F8601QMM0518PHCN.html，2020年3月20日。

③ 《Sensor Tower：抖音及TikTok以12.6亿美元夺得全球娱乐应用收入榜冠军，同比增幅达590%》，搜狐网，https：//www.sohu.com/a/440941489_323087，2020年12月28日。

设全球创作与交流平台等构想。① 2020 年 3 月，字节跳动创始人张一鸣发出内部信，表示自己将主要聚焦于全球战略和发展。②

2. 国际形势变化，国内闽商在境外发展面临变数

2020 年，美国以国家安全为由，频繁使用国家力量打压非美国企业，给国内闽商在境外尤其是在美国的发展带来了巨大变数。这一年，中国一些互联网企业成为美国重点打压对象，TikTok 也在其中。

实际上，早在 2019 年，英国《卫报》、美国《华盛顿邮报》等多家外媒就对 TikTok 的算法 + 少量人工干预的内容分发机制提出质疑，讨论焦点集中在 TikTok 为年轻人推荐什么样的内容以及人工干预什么样的内容。在当时，TikTok 就被认为遵循了中国的标准。有美国媒体称，TikTok 可能会成为中国在全球信息战中的武器，塑造美国主流社会对现实世界事件的理解方式。字节跳动声明驳斥了上述看法：美国用户数据存储在当地，该应用在美国的内容和人工干预政策都由美国当地团队领导。③

2019 年 11 月，美国外资投资委员会（CFIUS）又以国家安全的名义对 TikTok 进行调查。TikTok 聘请一家美国的审计公司来分析TikTok 的数据安全做法，并再次声明其所有美国用户数据都存储在美国境内，不会在中国存储美国用户数据。④

① 《字节跳动首次公开全球化战略：技术出海 本土化运营》，中国经济网，http：//www. ce. cn/xwzx/shgj/gdxw/201804/23/t20180423_ 28918539. shtml，2018 年 4 月 23 日。
② 《字节跳动中国区董事长和 CEO 换人，张一鸣的"全球化"小目标能实现吗?》，网易，https：//www. 163. com/dy/article/F7JHHGA505345B29. html，2020 年 3 月 13 日。
③ 《努力合规的 TikTok，为何频遭海外监管强势干预?》，界面新闻百度百家号，https：//baijiahao. baidu. com/s? id = 1674357910478168923&wfr = spider&for = pc，2020 年 8 月 7 日。
④ 《努力合规的 TikTok，为何频遭海外监管强势干预?》，界面新闻百度百家号，https：//baijiahao. baidu. com/s? id = 1674357910478168923&wfr = spider&for = pc，2020 年 8 月 7 日。

2020 年 1 月，字节跳动引入了前微软首席知识产权顾问安德森（Erich Andersen）作为法务，同时引入曾在美国空军、国防部以及退伍军人事务部工作的克劳迪（Roland Cloutier）作为公司信息安全官。5 月，TikTok 又聘请了迪士尼前高管梅耶尔（Kevin Mayer）出任 TikTok 全球 CEO 兼字节跳动 COO。[1]

但 TikTok 遵守美国相关规定的努力并没有打消美方打压中国企业的念头。2020 年 8 月 6 日，时任美国总统特朗普签署行政令，称将在 45 天后禁止任何美国个人或实体与 TikTok 及其母公司字节跳动进行任何交易。当月 14 日，特朗普再签行政令，要求字节跳动在 90 天内剥离 TikTok 在美国运营的所有权益。[2]

TikTok 的成功也引发了一些美国公司的觊觎。微软、甲骨文、沃尔玛等都一度表示过买下 TikTok 的兴趣。9 月 14 日，TikTok 发表声明说，该公司已将一份方案提交给美国政府。美国甲骨文公司当天表示，已与 TikTok 母公司字节跳动达成协议，成为其"可信技术提供商"，但该协议仍需美国政府批准。[3]

经过 TikTok 的不断上诉，剥离美国业务的期限得以延迟。2020 年美国大选后，新上任的拜登政府要求联邦法院暂停抖音海外版 TikTok 禁令，以便重新审查这款移动应用程序对美国国家安全的威胁。据《华尔街日报》援引消息人士的话说，拜登政府已无限期搁

---

① 《努力合规的 TikTok，为何频遭海外监管强势干预？》，界面新闻百度百家号，https：//baijiahao. baidu. com/s？id = 1674357910478168923&wfr = spider&for = pc，2020 年 8 月 7 日。

② 《TikTok 正式发布声明》，环球时报百度百家号，https：//baijiahao. baidu. com/s？id = 1677890038346304298&wfr = spider&for = pc，2020 年 9 月 15 日。

③ 《TikTok 正式发布声明》，环球时报百度百家号，https：//baijiahao. baidu. com/s？id = 1677890038346304298&wfr = spider&for = pc，2020 年 9 月 15 日。

置了要求将 TikTok 出售给美国投资者的计划。[①] 虽如此，TikTok 在美国的命运依然悬而未决。

2020 年 TikTok 面临的打压不仅来自美国，还有其下载量最大的市场——印度。2020 年 6 月 29 日，印度通信和信息技术部宣布，禁止包括 TikTok 在内的 59 款中国手机应用软件。与美方相似的是，印度政府宣布，禁止这些应用软件是出于"安全"考虑，认为这些应用软件从事的活动有损印度主权、国防、国家安全和公共秩序。[②] 实际上，早在 2019 年，TikTok 就曾遭遇过印度法院禁令，在 TikTok 承诺加强审核平台内容力度的条件下，才获准重新上架。

无论是美国还是印度，以国家安全等理由对 TikTok 等中国手机应用软件的禁令，都显示出，包括闽商在内的中国互联网企业在出海的过程中，地缘政治和文化冲突已成为巨大变数。在日益复杂的国际形势下，中国企业全球化可能会遭遇类似的挑战。

四 结语

2020 年，面对世界经济普遍遭遇新冠肺炎疫情挑战的情况，欧美等地境外闽商经营遭遇巨大困难，尤其是线下餐饮等行业更是受到巨大冲击。而东南亚闽商由于底蕴雄厚，尽管遭遇新冠肺炎疫情挑战，仍维持产业优势不变。

随着中国经济在迎接新冠肺炎疫情挑战中的快速复苏，2020 年，中国不仅成为全球唯一实现经济正增长的主要经济体，GDP 总量也

---

① 《美国政府要求联邦法院暂停 TikTok 禁令》，新京报，https：//www. bjnews. com. cn/detail/161302262515119. html，2021 年 2 月 11 日。

② 《抖音海外版 TikTok 遭印度封杀，软件被隐藏但仍可下载》，澎湃新闻百度百家号，https：//baijiahao. baidu. com/s？ id = 1670990343132227438&wfr = spider&for = pc，2020 年 7 月 1 日。

突破百万亿元,① 这给境外闽商带来更多"中国机遇"。过去的历史表明,深耕中国市场的境外闽商企业都取得了巨大成功,如金光集团成为世界纸业巨头,益海嘉里成为世界五大粮商之一。可以预测,未来中国与境外华商之间的关系将更加密切。

2020 年,由于部分国家对中国的认知出现偏差,将中国视为所谓的威胁,致使其政府对中国企业进行打压,阻碍了国内闽商在境外的投资与市场开拓。但全球化大势不可阻挡,如何应对地缘政治和文化冲突带来的不确定因素,是未来包括闽商在内的中资企业在境外投资发展的重要课题。尽管备受打压,但 TikTok 依靠上诉等手段维护自身权益等行动,也给中资企业应对类似挑战带来启示。

---

① 《2020 年中国 GDP 超百万亿 三大原因成就"全球唯一正增长"》,搜狐网,https://www.sohu.com/a/445192762_ 119038,2021 年 1 月 18 日。

专题报告

B.4
2021年山西闽商发展报告

陈丽媛*

摘　要：　山西闽商在茶叶、建材、木材、水暖阀门、汽配、干鲜
水产等传统产业中有着绝对优势，以山西晋城钢铁控
股集团有限公司、山西华南纸业股份有限公司等为代
表的闽籍企业，在坚守实业的同时，通过挖掘城市发展
商机、发掘新兴产业机遇、抱团发展等方式，形成了地
域鲜明的经营特色，在山西省形成了一股团结而强大
的商业力量。

关键词：　山西闽商　山西省福建商会　晋钢集团　吉港水泥

＊　陈丽媛，《闽商》杂志社编辑、记者。

一　山西闽商产业发展概况

福建"十里不同风，五里不同俗"，因此不同地域衍生了各自的产业优势，如泉州有鞋服，莆田有医院和黄金，南安有建材，平潭有隧道，长乐有纺织，三明有沙县小吃，安溪有茶叶等。

出外打拼的福建人善于将家乡资源带出去，分享并融入当地产业，同时也善于挖掘当地资源，无中生有，并且行之有效地形成和扩大商业圈，然后做大做强，做精做细。

正因为福建如此活跃的县域经济和闽商如此鲜明的经营特色，全国各地的福建企业在当地发展迅速，相同区域的企业家也容易走到一起，抱团发展，从而形成异地闽籍商会。据福建省工商联统计，至2019年11月25日，分布在国内的异地闽籍商会超过810家，数量在全国省份中居首位，各商会中的会员企业总数逾20万家，其中34家省级异地闽籍商会拥有的会员企业有9万多家。[1]

据不完全统计，到2019年，走出福建省投资创业的闽商达400多万人。部分省级商会提供的数据显示，商会会员企业在当地投资总额已接近4万亿元。[2]

聚焦来看，在山西创业的闽商有10万余人，大多分布在太原、长治、阳泉、晋城、临汾、孝义等地。自2000年以来，闽籍企业家在山西新增工业企业总投资达165亿元。[3]

---

① 《福建：浙江省福建商会成立　异地福建商会实现全覆盖》，中华全国工商业联合会，http：//www. acfic. org. cn/gdgsl ＿ 362/fj/fjgslgz/201911/t20191129 ＿ 146994. html，2019年11月29日。

② 邹挺超：《2019年福建省省外闽商发展报告》，载苏文菁主编《闽商发展报告（2019）》，社会科学文献出版社，2019，第59页。

③ 《闽商在晋新增投资165亿元》，搜狐新闻，http：//news. sohu. com/20080107/n254491530. shtml，2008年1月7日。

据不完全统计，截至 2016 年底，闽商在山西总投资达 2000 多亿元，每年给国家和地方创造税收 30 亿元，为山西人才劳务市场提供 7 万~8 万个就业岗位。在山西市场上，闽商涉足的传统产业中有着绝对优势，例如木材行业所占市场份额达到 100%，水暖阀门业市场份额达 85%，运动鞋份额达 80%，水产占 70%、茶叶占 60%、汽配占 40%。①

为了团结在晋闽商，山西省福建商会于 1999 年成立。至今商会已有个人会员和团体会员近 1000 人。山西省福建商会以行业为纽带，陆续组建成立了水产、水暖阀门、服装、汽配、矿业、茶业、建材和陶瓷等八大行业专业委员会，帮助会员企业深耕优势产业。

随着京津冀一体化的发展，山西省近年来积极融入国家发展大局，不断加强与北京、天津、河北等地区的协作与联动，加快资源型经济的转型发展，形成新的经济格局。在晋闽商也在此中寻先机、觅良机、开新局，在产业调整的大潮中保持传统产业的良好优势，同时在新兴产业中蓄势发力。

（一）煤矿产业

山西，中国工矿大省，埋藏在地下的丰富的煤炭资源，让山西人成了躺在"黑金"上的幸运儿。而从 20 世纪八九十年代开始的能源基地建设，也让山西形成了以煤炭为绝对主导的产业格局。

创业山西，闽商自然也离不开资源型经济的背景，福建人作为山西煤矿"露天开采"的开拓者和主力军名声在外。

实际上，在 20 世纪 90 年代国家放开煤炭资源后，山西的民营煤矿多数都是浙江人在投资。虽然从 2002 年开始，陆续有闽商投资煤

---

① 山西省福建商会官网商会简介板块，http：//www.fccsx.cn/intro/5.html，最后访问日期：2021 年 4 月 13 日。

矿，但其模式和浙商没有区别。

直到 2006 年，闽商终于迎来了大举进军煤矿的机会。当时，在晋闽商的切入点是"新农村建设"，第一站则选在山西省孝义市克俄村。当年，山西阳泉市郊区政府开展新农村建设项目招标，这一项目针对的是采空区的治理。中标人可以开采原来宅基地下压覆的煤炭资源，但同时要做好复垦及绿化等工作，同时要为当地村民建设新住宅区。

提到以"新农村建设"的形式介入山西煤炭业转型改造，不少福建人都会提及山西省福建商会终身名誉会长卓杏生，当年他积极参与投标，在项目完成后获得了近 3 倍的投资回报率，开启了"资源换新村"的露天开采模式，而该模式此后也成为在晋福建煤企的特色。

随着 2007 年山西省政府对新农村建设的进一步推进，看到商机的福建人纷纷挺进山西煤炭业。保守估计，当时投资或参与煤矿生意的闽商至少有 10 万人。"露天煤商"一度成为福建尤其是福清煤企的代名词。

然而，参与的人多了，路子容易被走歪，只采煤不付出的现象日渐显现，1 元钱的投资甚至一度能带来 9 元钱的回报。2008 年 8 月，这一模式被山西省叫停。2009 年开始，在山西发展的煤炭企业进入了重组阶段。

"一煤独大"的产业格局，曾一度让山西省众多相关产业深受煤炭价格的影响，一荣俱荣，一损俱损。前几年，煤炭价格的剧烈波动，让福建煤企吃尽了苦头，也让与煤炭息息相关的机械装备、钢铁、阀门等福建人优势产业损失惨重。

在此背景下，绿色发展、开放发展、做好煤和非煤两篇文章等，成为山西省改革转型的关键词，而融入京津冀协同发展、培育新消费增长点等思路，也为山西创业的闽商带来了新机遇。

（二）水暖阀门产业

火力发电同样是山西的重点产业。火力发电动力系统中必不可少的阀门，正是福建人的强项，由此，阀门也成为福建人尤其是福建南安人在山西广泛涉足的一大产业。

在山西的福建人，将水暖业系统为阀门、管道、电线电缆、开关等种类繁多的产业。2005年12月，在山西省福建商会部分南安籍水暖经营者的提议下，水暖阀门专业委员会成立，成为山西省福建商会旗下第六个专业委员会。在短短的一年内，专业委员会就吸收了超过300位会员。

早在改革开放初期，不少南安人已经开始走进山西市场，推销水龙头。从供给建筑工地或私人使用的水龙头开始，南安人看到管道、阀门在当地更大的市场前景。

福建人在山西的阀门销售是从20世纪80年代开始的，那时候山西已有将近千名福建人从事水暖阀门行业。电厂、煤矿、集中供热、供水，作为适用领域广、需求量较大的耗材，阀门在山西从来不缺销路，在这行业的福建人日子曾经十分惬意。尤其是山西电厂最多的1999~2003年，阀门生意发展相当迅猛，用山西省福建商会原副秘书长王建团的话说，"只要有名片，就有人找上门"。

30多年前，王建团来到山西发展，不久后他便意识到自己所从事的洁具行业技术含量低，不如阀门，于是专程前往温州学习，之后即进军阀门行业，并主攻电力系统所用的高端阀门。他对福建人没有自己阀门生产企业的状况十分痛心，认为这是导致福建商人缺少定价权的原因之一。

受到煤炭去产能、企业融资困难等因素的影响，阀门行业也受到冲击。对于以销售为主的福建人来说，所受冲击尤其严重，仅2016年到2017年就有近百家阀门企业倒闭。福建企业在山西阀门市场的份额也降到了 60% ~ 70%①，专业市场的门店空了不少。

1986 年到山西大同发展的洪本辉，是较早设立工厂的福建阀门人之一，这在浙江人负责生产、福建人负责销售的山西阀门产业中别具一格。洪本辉主攻技术含量高的特种阀门，因为主要是同国外阀门品牌竞争，因此受行业冲击较小。在他看来，阀门有几万种产品，低端产品的竞争力今后将会越来越小，而像特种阀门这种高端产品议价能力则较高。

近年来，洪本辉花费不少功夫改进工厂设备，将原来的老设备全部换成数控装置，原来 600 多人的工厂，现在只需要 100 多人就可以运转良好。虽然销售量下降了，但是由于技术提升，人工成本降低，利润反而比以前更高。"技术取胜"已经成为他的发展思路。

无独有偶，王福宁也是从代理浙江阀门起家，发展到在山西投资设立工厂，开始一边代理，一边发展自有品牌的。他表示，要根据山西经济社会及城市化的发展，调整产品结构。在当下山西经济结构性调整的大背景下，阀门应向供水、供热等市政领域发展。

如今，福建人把握着山西水暖市场 85% 的份额，阀门也是其中一大支柱。技术革新、产品创新，山西闽商在水暖阀门行业的反思与行动，正是闽商在现阶段山西经济发展新形势下谋求转型升级的一个缩影。

（三）建材产业

在山西长治创业的闽商中，从事建材行业的十有七八。

长治闽商与建材结缘不仅有其渊源，也跟福建本身在建材上的优势有关。长治闽商还从建材行业中延伸出了建筑施工设计乃至房地产，而今，他们开始在长治这片热土上以更加抱团的方式谋求更高的

发展。建材行业已经成为闽商在长治影响力的一个代表。

在早期背井离乡来到长治创业的福建人中，莆田人占了一大半。他们走街串巷，从一个小小的竹器、蒸笼慢慢累积起来。在获得了"原始累积"后，他们逐渐将目光投向了利润更大、前景更广阔的木材、陶瓷等行业。随着时间推移，长治闽商逐渐由小而大，由点而链，涉及建材行业的各个方面。嘉伟建材批发部总经理鲍嘉伟跟随着父辈的脚步来到长治创业，而父辈们便是依靠着卖竹器和蒸笼起步的。山西海胜通科贸有限公司总经理陈立雄也是跟随着父辈们来到长治做起了木材与钢材生意。

长治闽商中，除木材生意之外，经营瓷砖以及石材的同样大有人在，其中经营优秀的甚至走在了长治同行业者的前列。

来自泉州惠安的刘清华，2004年来到长治打拼，他从小工做起，最初没有资金，凭借一个偶然的机会白手起家。如今刘清华在长治已经拥有了两家石材厂，共计3000多平方米的厂房，规模上走在了长治同行业者的前列。如今他的工厂里，石材原料都来自泉州南安。

借由建材行业的聚集效应，在山西的福建企业集群也形成了一条建材催生土建、房地产行业，土建、房地产反哺建材的发展路径。

来长治已有20多年的庄金雄，专注于装饰、设计施工领域，20多年间将山西中汇装饰公司打造成长治首屈一指的集建筑装饰设计、工程施工、建材贸易为一体的大型现代化、专业化建筑装饰企业，更是晋东南地区首家获得国家一级建筑装饰施工设计（一体化）国家一级资质的企业。

30岁那年，山西省福建商会原执行会长曹忠亮揣着之前在老家周边跑工程攒下的些许积蓄，来到了山西长治，带着自己的施工队，挤进长治市的建筑市场，1995年之后，他在长治的民营建筑队伍中已经是领头羊，他的名字就是品牌，政府重大工程都纷纷找上门来。

2017年7月，长治福建商会与长治县人民政府签订《上党三生融合小镇项目合作协议》，该项目由长治福建商会牵头，联合中投湄洲湾股份有限公司，拟在县城内，建设"上党三生融合小镇"，项目总规划用地约1100亩。[①]

建成后的三生融合小镇是以闽商核心的特色化、创新性产业为基础，绿色生态为支撑，健康生活为保障，并融合产业、文化、旅游、社区四大核心模块，打造集"生产、生态、生活"于一体的小镇。

而在其地块规划上，更是专门规划出了231亩土地，用于建设家居五金建材产业园，以新兴家居建材产业为核心，引进全国各省的地方名优产品，实现家居建材产业业态全覆盖，并通过家居建材的主力店、商业街区与休闲商业、亲水广场等生态景观的结合，形成一站式绿色商贸体验式购物公园。

山西省福建商会会长赵文闪22岁的时候成功与太钢集团达成合作，而后接连开发出太原第一个专业木材交易市场——明珠陶瓷城，投资山西第一家无缝钢管生产企业——山西德汇无缝钢管有限公司等。值得一提的是，赵文闪斥巨资修建的明珠陶瓷城，有着18000平方米建筑面积，20000多平方米库房面积，为太原市建造了一个优质的建材买卖区。

打通建材产业链中的生产与销售环节，建立专业化、多品牌的建材销售平台，为企业规模化发展铺设轨道，在将来，建材领域的闽商或许会达到另一个新高度。

（四）水产产业

在山西省，第一家专门集中海鲜商贩经营海鲜生意的市场，当属

---

① 《长治县招商引资又摘硕果　两个重点合作项目成功签约》，上党新闻网，http：//m.czxnews.com/xinwen/liduyaowen/2017 - 07 - 20/13891.html，2017年7月20日。

1996 年成立的太原五龙口海鲜批发市场。五龙口海鲜批发市场是太原市民一个主要的"菜篮子",在五龙口海鲜批发市场"福清人卖鲜品,南安人卖干货"。

山西省福建商会水产专委会原会长曾胜良说,1985 年刚到山西创业时,当地人对海鲜的理解只有带鱼,而且是那种腌带鱼。在山西省福建商会副秘书长姚志贤印象里,1984 年到太原时,当地人都认为海鲜就是海带,对其他海鲜都知之甚少。

20 世纪 80 年代,第一批在山西试水开拓海鲜市场的福建人到达太原,携带的是一箱箱用纸箱包装的海鲜干货。

鱿鱼干、虾干等便于长期保存的水产品开始进入市场,而做这项生意的福建人,也很快达到近百人。"福建海鲜"的名头,在这批创业的福建人推动下,开始变得小有名气。

福建人在山西真正开始鲜活海鲜的销售,还是在 20 世纪 90 年代。当时,整个中国都进入了"冰箱时代",随之太原的水产市场对一些冰鲜产品开始有了量的需求,许多商户开始用小冰箱贮存些鲜货售卖。

随着运输保鲜技术的完备,冰鲜产品继干货之后,也在太原站稳了脚跟。2000 年以后,经销商们开始从上海、青岛、烟台、大连等沿海城市调集鲜活海产品用快运方式运来山西。

太原五龙口海鲜批发市场的商铺数量与日俱增,经营水产品千余种。2013 年,由于城市建设需要,五龙口海鲜批发市场搬迁至太原市敦化南路重建,并于 2015 年开业。提档升级后,新五龙口海鲜批发市场占地 63 亩,其中福建水产商人拥有门店摊位的八成左右,年销售 20 亿~30 亿元。闽商将海派生活方式融入三晋大地,海鲜已然成为山西百姓的家常菜。

山西的水产业正在转型之中,中低档海鲜成为主流,也是福建水产商人开拓市场的重点。水产品深加工,同样受到越来越多闽商的关注。当前，福建人在生鲜领域所占的市场份额已经达到了整个行业的70%以上。

（五）鞋服产业

20世纪80年代，从小作坊式的工厂里进货，背井离乡的汉子肩扛着几箱服装鞋子，坐着火车到了山西。这是在山西打拼的福建服装人印象最为深刻的场景。

没有定点销售的店面，来到山西的闽商只能沿街叫卖，甚至请求当地的国营百货和供销社赊账代销。没有完善物流的情况下，他们依靠的是"蚂蚁搬家"式的"人体运输"方式延续来自福建腹地的供应链条。

在没有人承认、没有人认可的情况下，福建商人们依靠过硬的质量，在山西服装鞋帽市场开创出一个个福建制造销售终端。

随后，在市场化的萌动阶段。太原逐渐成为山西服装鞋帽行业的中心城市，其中太原的朝阳街、双塔街是服装鞋帽商业街的代表区域，而进驻服装鞋帽商业街近半门店的客商均来自八闽大地。

福建强大的生产能力，为福建商人在外打拼提供了源源不断的货源支持。晋江、莆田的运动鞋产业，石狮成熟的成衣织造业，高质量的福建制造产品奠定了包括山西在内的各地福建鞋服商人成功的基础。

在山西经营服装产品的福建同乡队伍慢慢扩展到了3000人左右，而经营鞋产业的福建人则近乎占据大半个行业。为了更好地开拓市场，福建鞋服人们在山西省福建商会牵头下于2004年成立了服装鞋帽专业委员会。

在服装鞋帽专业委员会的推动下，八闽服饰品牌之都、汇大国际品牌中心项目等相关策划与项目不断推进。投资近千万元的八闽服饰品牌之都，总面积达5万平方米。而汇大国际品牌中心项目则打破地

域限制，同时接纳闽派品牌以及其他有实力的服装品牌。

九牧王股份有限公司、劲霸男装（上海）有限公司、安踏体育用品有限公司、361°（中国）有限公司、中乔体育股份有限公司等领衔的闽派鞋服，在山西闯出了自己的道路。市场高峰期，在山西市场上开疆辟土的福建品牌高达100余个，运动鞋占山西的市场份额达到80%，年销售额达25亿元。[①]

（六）茶业

茶业在山西的拓展，让山西百姓改变了喝茶理念。

以前的山西人，买茶喝茶不是他们的消费习惯和生活方式，花茶似乎就是他们对于茶叶的全部认知。福建铁观音、大红袍茶叶到山西来，当地人还奇怪地说，路边树叶也能泡水喝？

自20世纪80年代起，开始有福建人来太原开茶叶小店，当时太原有20多家茶叶店，卖的都是花茶，福建人要供货到太原的茶叶店销售非常不容易。

带着福鼎家乡茶和1000元现金的福建茶商董希坚，在1989年来到太原，所有茶叶店都拒绝进货，他只能推着自行车一家家推销，最后是"免费供货，请人代销"。

几乎最早进入太原的福建茶商，都有与董希坚类似的经历。一方面，当地喝茶习惯与福建不同，另一方面，福建茶刚进入山西时，经销的都是精品茶，价格偏贵。免费供货，免费品尝，再加上福建茶天然的优质表现，福建人在山西的茶叶生意终于有了起色，走街串巷的辛劳获得了回报，山西人对茶的认识在不断地发生改变，武夷山大红袍、安溪铁观音、金骏眉、普洱等各类茶叶走进了山西人的世界，山西茶文化也更加多元化。

---

① 张建忠：《鞋服突围：闽牌晋地再谋局》，《闽商》2014年3月刊，第29页。

在征服了山西人口味的同时，闽商茶叶形成销售大格局的机会也成熟了。1999年，茶商董希坚与太原某小商品批发市场签订了租赁合同，开始以茶城的形式对外招商，这是太原第一家真正意义上的茶城。

自此，福建人在山西经营茶叶，开始从分散的店面经营，走向了集约化经营的道路。2004年山西省福建商会茶叶专业委员会成立；2006年福安人林瑞富投资近千万元收购了太原15000平方米的茶叶交易市场，市场内分布超过150家茶庄；2007年，福州籍茶商林炳华与合作伙伴董希坚，成功签约太原市中心内某购物广场整体转让项目，将近20000平方米的营业面积改造成茶叶专门市场，门店达50多间，晋闽茶城由是亮相。

福建茶商的茶庄从最初的20多家，发展到现在已有上千家，包括晋闽茶城、坦洋茶城等山西重点茶市，以及山西主要城市随处可见的茶叶销售网点。

在国家反对铺张浪费的大形势下，闽茶如何平民化、品牌化、资本化，考量着每一位从业者的智慧。

（七）汽配机械产业

福建有两家闻名全国的工程机械品牌：福建晋工机械有限公司（下称"晋工"）与中国龙工控股有限公司。

来自福建的晋江机械与龙岩机械是山西市场上纵横捭阖的福建品牌生力军。而福建工程机械人则是山西市场上一支最强劲的销售队伍。

山西是一个工矿大省，对工程机械产品的需求在国内首屈一指。福建企业家们正是瞄准了其中蕴含的商机，积极介入到这一大工业产业链的上游。

1994年，太原市场第一家汽配商城建立，其中就离不开福建人

的身影。福建客商通过销售代理来自全国各地的汽配产品，使越来越多的山西人认识了福建品牌，了解了福建的机械汽配产品。2004年，为了互通有无、形成更大的产业规模，山西省福建商会汽配机械专业委员会成立，成为福建汽配机械人的合作交流平台。

2004年，陈建立率领的由"晋工"衍生的山西建力工程机械销售有限公司不断壮大，生产与销售一体化成为现实。开创"亚洲第一胎"的朔州市仙枫机械设备有限公司董事长朱金林，亦在当地颇有名气，他的公司对大、中型载重汽车轮胎修补、翻新、维护保养实行一条龙服务，受到客户的认可。山西省福建商会原常务副会长孙金灼创立的福鑫铸管，曾创下山西最大口径铸管的纪录。

截至2016年，福建汽配工程机械产业已经占据山西市场40%以上的份额，山西的工矿企业大多有福建品牌产品。而在工矿企业所选购的工程器械中，福建品牌屡屡斩获单价在百万级、千万级的重磅订单，在山西所有经营汽配工程机械的福建人，年销售额总计已经超亿元。

"大鱼时代"的山西机械装备市场，闽商同样有着众多具前瞻性的判断与实践。

二　山西闽商企业发展情况

截至2016年底，在晋闽商兴办的大小企业已经有6000余家。①他们从最初的茶叶、建材、木材、水暖阀门等行业起步，到如今的医药、房地产、汽配、干鲜水产、餐饮、煤矿、钢铁、环保等40多个行业和领域，填补了当地市场的空白，促进了当地市场的发展。

---

① 山西省福建商会官网商会简介板块，http：//www.fccsx.cn/intro/5.html，最后访问日期：2021年4月13日。

山西晋城钢铁控股集团有限公司（以下简称"晋钢集团"）、中远威药业有限公司（以下简称"中远威药业"）、高平市福鑫铸管有限责任公司（以下简称"福鑫铸管"）、怡园酒业控股有限公司（以下简称"怡园酒庄"）、山西朔州仙枫机械有限公司（以下简称"仙枫机械"）、太原市五龙口海鲜批发市场、山西省太原市康培同福石材城、大唐世家·太原奥林匹克花园、山西孝义晋帮煤业有限公司、山西吉港水泥有限公司（以下简称"吉港水泥"）、山西德汇无缝钢管有限公司、黎城太行钢铁有限公司、长治市兴宝钢铁有限责任公司、山西华南纸业股份有限公司（以下简称"华南纸业"）等，都是闽商在山西的成绩和骄傲。

（一）晋钢集团

在有着"煤铁之乡"之称的山西晋城，晋钢集团发展迅速。

依照官方介绍，位于山西省晋城市巴公工业园区的晋钢集团，如今是一家集钢铁、精密智造、矿渣超细粉及发电为一体的钢铁联合企业。截至目前，晋钢集团总资产达232亿元，员工超1万人，带动周边地区和上下游产业就业3万余人。①

晋钢集团的掌舵人，是来自福建长乐的李强。2001年底，李强和老乡一同北上山西，选址晋城巴公工业园区，并于2002年成立晋城福盛钢铁有限公司，即晋钢集团的前身，从而扭转了当地"有铁无钢"的局面。

2008年全球经济危机袭来，包括山西省在内的国内钢铁企业普遍受到重创，李强却于当年年底与巴西淡水河谷公司以及澳大利亚必和必拓公司达成了合作协议，这两家国际企业在全球范围内都是首届

① 晋钢集团官网集团简介板块，http：//www.jggroup.cn/jtjj.asp，最后访问日期：2021年4月13日。

一指的铁矿石供应商，晋钢集团由此借势腾飞。

近两年，为保证集团高质量发展，李强十分注重智能制造和绿色环保。2020年，晋钢集团创建晋钢智造科技产业园和晋钢机电装备产业园，投资额分别为136.6亿元和100亿元。

据了解，晋钢智造科技产业园建成投产后，每年新增产值可达200亿元，实现利税可达16.5亿元，安排就业3000余人。[①] 晋钢机电装备产业园建成投产后，每年可实现150亿元工业产值，新增税收3亿元，新增就业3000余人，并将成为山西省钢铁行业产业链最全的标杆园区。[②]

经过近20年的发展，如今的晋钢集团已进入中国制造业企业500强行列，具备年产600万吨钢铁产能，[③] "兴晋钢"跻身全国一流钢材品牌，产品参建国家重点工程。

（二）华南纸业

山西华南纸业股份有限公司位于长治县科工贸产业聚集区，主要产品为瓦楞纸。昔日的华南纸业曾濒临破产，闽商吴建育经过九年的改造，不但把企业"救活"了，还将它推向了资本市场。

华南纸业的前身只是一家地方国营小造纸厂，在市场经济的大浪淘沙过程中，由于种种原因，已经处于破产状态。别人唯恐避之不及，而吴建育却毅然于2003年将其收入麾下。

通过向成功企业取经，吴建育认为企业的成功离不开诚信。从企

---

① 《回眸，2018；加油，2019》，晋钢集团官网新闻中心，http：//www.jggroup.cn/xwzx_ read.asp？id=29503，2018年12月30日。

② 《晋钢机电装备产业园项目开工建设》，华夏经纬网，http：//www.huaxia.com/sxjc/xwsc/2020/05/6417757.html，2020年5月18日。

③ 晋钢集团官网集团简介板块，http：//www.jggroup.cn/jtjj.asp，最后访问日期：2021年4月13日。

业正式投产开始，他亲自跑业务、联系客户，与客户订立诚信合约，把自己的产品先无偿地提供给客户，帮助客户解决前期资金投入和后期销售风险，客户有了收入后再交付购买款项。

正是这种诚信经营的理念，使华南纸业一步步取得了客户的信任，紧密了双方的合作关系，推动了买卖双方的共同成长和壮大。经过九年的发展，2012 年 7 月 31 日，华南纸业在天津股权交易所上市，成为长治第一家在天津股权交易所挂牌上市的高新技术企业。

2012 年的华南纸业，可年产 10 万吨再生高强瓦楞原纸，是政府大力发展非煤产业重点扶持的环保标兵企业，是山西省最大的包装纸生产企业。① 2019 年 5 月，华南纸业又在原有基础上扩大产能，再投资 1.5 亿元扩建一条年产 20 万吨的瓦楞纸生产线。项目建成后，华南纸业可年产高强瓦楞纸 30 万吨，实现年产值 12 亿元，同时可带动本地的包装产业发展壮大，间接带动实现年产值 50 亿元。②

以废纸为原料，生产再生高强瓦楞纸属于国家鼓励发展的产业，而包装箱产业在国内的市场前景可以说相当广阔，特别是在山西。

（三）中远威药业

据国家统计局数据统计，"十四五"期间，中国老年人口预计将突破 3 亿人，人口结构将迈入中度老龄化。③《中国老龄产业发展报告》显示，中国老年人口的消费潜力至 2050 年将提高到 106 万亿元

---

① 《华南纸业在天交所成功上市》，上党新闻网，http://www.czxnews.com/jingji/jingjichuangkou/2013－09－27/1720.html，2013 年 9 月 27 日。
② 《山西华南纸业扩建年产 20 万吨高强瓦楞纸项目获批》，中国纸业网，http://www.chinapaper.net/news/show－36935.html，2019 年 5 月 15 日。
③ 《中国去年新增注册资本超千万的银发产业相关初创公司超 1900 家，银发经济迎来发展新机遇｜财见观察》，澎湃网，https://www.thepaper.cn/newsDetail_forward_12141199，2021 年 4 月 9 日。

左右，占 GDP 的比例将提升至 33%。①

"银发经济"的崛起，似乎早已被钟志孟与他的中远威药业预料在先。他专注老年医药事业 20 年，带领着中远威药业为攻克中老年发病率极高的心脑血管疾病、骨关节炎，几经求索，先后成功研发溶栓胶囊、葡立胶囊及地龙（蚯蚓）蛋白胶囊。溶栓胶囊作为公司主打的一款抗心脑血管疾病新药，成功地实现了在预防和治疗心脑血管疾病方面的医学突破。

钟志孟的这条路，还得从 1983 年南下香港说起。药品代理，是他与药业打交道的起点。凭着闽南商人的经商天赋，钟志孟很快成为香港小有名气的中成药代理商。随后，他将目光投向内地，试图从代理商转型为生产商，拥有自主品牌药品，而他的下一站创业地山西，让他的想法得以实现。

山西医药大学单鸿仁教授，成了钟志孟重新开启医药事业的有缘人。两人结识于 1992 年，当时单鸿仁正在研制心脑血管疾病新药，从中医学药理中汲取蚯蚓"活血化瘀"的药性。正当其取得研究突破时，却因超龄离开了教研岗位，进一步研发受限于资金困境；而这时的钟志孟一方，也在寻求投资领域过程中，并对治疗心脑血管病产生了浓厚兴趣。

当时的钟志孟还没有自己的制药厂，因而只能单纯地为单鸿仁介绍合作伙伴，却多次引荐无果。钟志孟眼看一个好项目无人问津，颇为可惜，于是决心从无到有，自己助力单鸿仁完成研发，投资几百万元在山西太谷县建设实验室和生产基地。1995 年，山西中远威药业有限公司挂牌成立。经过三年潜心研究，抗心脑血管疾病新药——"溶栓胶囊"诞生。

---

① 《人间重晚晴，科技不缺席》，驱动中国百度百家号，https：//baijiahao. baidu. com/s？id＝1690820684490234016&wfr＝spider&for＝pc，2021 年 2 月 5 日。

此后，中远威药业加快发展步伐，于2001年7月20日在香港创业板上市。

钟志孟还倡导"康复一人，幸福全家"赠送药品活动，受惠范围覆盖全国30多个城市，受益患者达1亿余人次。

近年来，中远威药业在治疗心脑血管病、骨关节炎两大研究领域成就卓越。继溶栓胶囊顺利通过临床检验之后，中远威药业利用地龙（蚯蚓）蛋白快速溶解微血管中的微栓、改善微循环、建立侧支循环等功能，推出针对"三高"以及其他微循环障碍或血流不通人群的"心肝宝贝"地龙蛋白胶囊。骨关节炎方面，葡立胶囊、特膳食品"骨乐融融"先后问世，进一步为解决中老年人慢性病困扰输送良方。

中远威药业在发展高峰期，每年产值可达5亿~6亿元。而今，钟志孟带领着中远威药业，继续聚焦于"银发经济"，并向成为世界最大的地龙（蚯蚓）研发生产企业、中国最大的骨关节药物研发生产基地的目标迈进。

（四）吉港水泥

山西省内水泥制造行业龙头——吉港水泥，是来自福建长乐漳港渔村的企业家王永喜创造的成绩。

20世纪90年代末，经营低迷的国营企业在国家的支持下开始了转股改制，王永喜在1998年借势入局，得知湖北应城某国营水泥企业需要转型，于是以租赁形式，接管了应城水泥厂，并且仅用一年的时间就实现扭亏为盈，创造利税120万元。

2003年，王永喜又承包了一个大型国营水泥厂，但他不满足于此，想要自己创办一家水泥公司。2006年，王永喜组织专家与工程师团队，在山西吕梁地区进行了一个多月的考察。当时，吕梁地区有30多个小水泥厂，但都不上规模，同时此地石灰岩丰富，并且离高速公路仅有1公里，自然条件优越。经过对原料来源和未来市场的细

致分析与预测，王永喜凭借近 10 年的水泥生产营销经验，以及国营企业留下的工程师等技术力量，更依靠着老员工们的信赖，开始了崭新的创业历程。

就这样，在山西省吕梁地区文水县一个六七十亩的砖厂工地上，吉港水泥的建设一点一滴从无到有，从小到大。"吉港"之名，是沿用王永喜多年前在福州经营建材贸易时的名称，然而山西，才是让它广为人知的福地。

2008 年 7 月，吉港水泥投资约 2.6 亿元的新型干法水泥生产线顺利点火生产；2009 年 6 月，投资 2 亿元的第二条生产线紧接着正式投产。吉港水泥的建成，对文水县这个只有 40 多万人口的小县来说，是一大奇迹，它不仅带动当地经济的全面发展，成为吕梁地区甚至山西省最大的水泥制造公司之一，而且填补了山西省中部地区多年来无新型干法水泥生产的空白。水泥厂的蓬勃发展，连带着周边地名也纷纷冠上"吉港"二字，例如"吉港小百货""吉港信息部""吉港维修站"等。

探究吉港水泥高速成长的根本，不得不提一个数据：公司全年机械运转率达 95%。团结协作、业精于勤的队伍，加上王永喜重视打造凝聚力的管理方式，吉港水泥的成功并非偶然。

目前，吉港水泥已经形成年产干法水泥 200 万吨的规模，成为山西民营水泥企业的排头兵，高速铁路、高速公路和高层建筑等"三高"重点工程中都能看到吉港水泥产品的身影。

三 山西闽商发展特征

（一）紧抓城市发展商机

1986 年，山西长治，一个名叫康元的小区破土动工，这个小区的建设工程，就是由福建人曹忠亮负责的。从那以后，曹忠亮带着他的建筑公司，在长治承建了许多知名项目，推动了长治的城市建设。

同样在 20 世纪 80 年代来到山西的陈水筑，从骑着自行车走街串巷推销瓷砖开始，成长为装饰装修领域的专家。从"引黄工程"到东辉集团五台山超五星级国际度假酒店，他用一个又一个过硬的装饰项目，向山西人展现着"闽派装饰"的魅力。

像曹忠亮、陈水筑一样，许多福建商人见证过山西城市建设变迁的历程，他们不仅直接参与了山西城市建设，也精准地抓住了城市化过程中涌现出的民生商机。

从 20 世纪 80 年代福建人到太原开茶店开始，山西人对茶的认知在福建茶商的推动下不断发生改变。从最初的茉莉花茶，到现在的铁观音、大红袍、金骏眉、白茶等福建名茶，都在山西传播得家喻户晓。在山西开店的福建茶商，也已经发展到上千家，茶叶店更是超过万家。

福建茶在山西的拓展，体现了福建茶文化对山西民众生活习惯的改变，也体现了闽商在山西城市发展过程中对民生领域商机的敏锐把握。

闽商来到山西，最初的阶段都充满艰辛。有的挑着蒸笼向机关食堂兜售，有的拎着水暖阀门走街串巷，有的拿着瓷砖上门推销，尽管行业不同，但产品都与山西百姓的民生息息相关。除了茶叶之外，福建鞋服曾经在山西占据过 70% 的市场份额，福建海鲜水产也为山西人津津乐道。

随着城市化的推进和人民生活水平的不断提高，养老服务业也是一片商机热土，"银发经济"日益火热。专注老年医药事业 20 年的山西中远威药业，正在闽商钟志孟的带领下，向成为世界最大的地龙研发生产企业、中国最大的骨关节药物研发生产基地的目标迈进。

提到山西，人们最津津乐道的就是能源大省，是温暖江南的煤，是照亮京津的电，但是山西同时也是"中部欠发达省份"。作为中部

大省，山西的城市发展并不算迅速。2016 年，国务院批复了《促进中部地区崛起"十三五"规划》，为山西城市化发展添加了新的动力，也给长期在建筑建材领域精细耕耘的闽商带来了机会。太原的建设、山西中部城市群的崛起，都成为闽商驰骋的天地。

随着山西城市的新发展，第三产业地位日益突出，山西的基础设施建设及地产市场也日益受到青睐。闽商在建筑建材方面的开拓、在各民生领域的优势，都将使其在新一轮城市发展中占据先机。

（二）传统行业企业实力依旧

闯荡山西的福建人，给人的总体印象是经销商居多。

不过，规则总有例外。从事实业并一直坚守的山西闽商实际上并不少。福建人王永喜投资的山西省吉港水泥，填补了山西中部地区多年来没有新型干法水泥的空白。类似的还有赵文闪投资的山西德汇无缝钢管有限公司，这家公司的无缝钢管生产线填补了山西省在该领域内的空白，改写了山西长期依赖外省无缝钢管的历史，充盈了山西能源工矿大省的自有实力，被太原市列为重点工业建设项目。

闽商在实业领域填补的空白还不止如此。

莆田人朱金林在轮胎产业素有积淀，他在山西投资的朔州仙枫机械设备有限公司，为山西矿山企业实现轮胎循环利用、减少废旧轮胎带来的浪费做出了巨大贡献。

位于高平的福鑫铸管，在山西铸造业领域早已声名鹊起，并创下山西最大口径铸管纪录。而它并未止步于此，而是向精密铸造拓展，同时开发下游产品，使煤气的循环利用率不断提高，获得了工信部的认可。

这些都是闽商坚守实业做出来的成绩，也展现了老一辈闽商创办的企业实力依旧不容小觑。

（三）新兴产业受追捧

除了传统的优势产业，近年来，山西闽商也逐渐向环保节能、文旅、大健康、新能源、智能制造、现代农业等山西提倡的新型产业方向进军。

华南纸业，是一家以回收废纸为原料的造纸企业。董事长吴建育，早期也是从事建材的闽商之一，此后又曾创立长治市华南装饰城。2003 年，他刚接手华南纸业，便淘汰了旧有的设备，代之以利用再生资源为原料的设备，可年回收利用废纸 15 万吨①，生产的高强瓦楞原纸远销河南、福建、浙江、广东等众多省份。

近两年，吴建育又在进行新一轮技术改造。尽管目前包装纸品行业受到出口不景气、小食品受控制等因素影响，但吴建育认为，再生资源产业符合山西乃至国家的发展方向，市场潜力是可以期待的。

除了环保节能产业，长治在农业、农产品领域有着传统优势，为闽商在农副产品领域一展身手提供了资源。2007 年入驻长治高新技术园区的山西达利食品有限公司，在企业自身迅速发展的同时，还为当地农民创造了大量的农副产品需求，带动了当地的经济发展，创造了良好的社会和经济效益。

长治旅游潜力大。早在 2011 年，就已经有闽商瞄准旅游业，在长治周边布局。这便是山西同元文化古镇旅游开发有限公司在长治市辖区内的黎城县打造的"黎侯古城"项目。

黎城县拥有古黎侯国遗址，地处山西、河北、河南三省交界，周边旅游景点较多，正在开发的"黎侯古城"正是依托这些优势，整合周边旅游资源，力争成为旅游集散中心。据悉，该项目占地 1500

---

① 《中小微企业激发全民创业活力》，上党新闻网，http：//www.czxnews.com/jingji/jingjichuangkou/2015－04－22/8290.html，2015 年 4 月 22 日。

亩，总投资 35 亿元，可为黎城提供约 8000 人至 10000 人的就业岗位。①

山西还有很好的健康产业基础，在当地的莆田商人大多涉足该领域；其主攻方向，也从早期的男科妇科，慢慢转向美容整形、康养、中医药、生物制药等方面。在健康领域涉足颇深的闽商，近些年接触了大量的国内外健康科技资源，在山西也将继续发挥其优势，推动山西当地健康产业再上一个高度。

在 2020 年 9 月 8 日举行的厦门国际投资贸易洽谈会暨丝路投资大会上，山西省签约了 13 个重点项目，签约总额达 194.9 亿元，涉及的产业大多是智能制造、新能源汽车、文旅康养、新材料、现代服务业等新兴领域。近年来，山西立足全国经济版图，不断打造战略性新兴产业集群，在山西新的产业调整中，在山西城市化的新发展中，在山西作为中部大省崛起的过程中，闽商在新型产业中拥有了更多的新机遇。

（四）兄弟商会形成纽带

在三晋大地开拓进取的福建人，大多来自福州、莆田、泉州、宁德等地区，部分来自三明、南平、龙岩等闽西北地区。因而在山西，除了山西省福建商会，还有众多闽籍商会。多年来，山西省福建商会为了凝聚散落在山西各地经商的福建人，通过相关地域的联系，协助组建了长治福建商会、太原市福州商会、孝义市福建商会、太原市福建福鼎商会、太原市南安商会、太原市莆田商会、临汾市福建商会、晋城市福建商会、太原市晋江商会、山西太原市福建安溪商会等，牢牢地把在晋闽商团结在一起。目前山西省内与各个闽籍商会有组织联

---

① 黎侯古城，百度百科，https：//baike. baidu. com/item/% E9% BB% 8E% E4% BE% AF% E5% 8F% A4% E5% 9F% 8E/5702421？fr = aladdin。

系的闽商已达 5000 余人①。

为了与兄弟商会交流信息、联络乡谊，山西省福建商会开通了网站，建起了微信群，编印了《商会会刊》《三晋闽籍（简讯)》和大型画册《闽商在山西》，拍摄了《山西省福建商会》《从海西到山西》专题片，更好地宣传了闽商健康、向上的形象。

在晋闽商，通过商会这个桥梁纽带，实现了行业之间的沟通交流，互通有无，很好地进行了资源嫁接、整合与合作，使在晋闽商形成了更为强大的聚合力，共同推动在晋闽商在各个行业的发展，为山西当地的发展贡献了应有的力量。

---

① 山西省福建商会官网商会简介板块，http：//www.fccsx.cn/intro/5.html，最后访问日期：2021 年 4 月 13 日。

B.5
2021年闽商食用菌产业发展报告

陈丹妮[*]

摘　要：　福建是我国食用菌生产大省，2020年全省食用菌产量、出口量、出口额均位居全国第一，并实现食用菌产业全产业链总产值的千亿突破。目前，福建已形成了一批在全国有影响力的食用菌产业集中优势区，"福菌"品牌逐渐打响；同时通过"工厂化生产"技术提档，铸造了一批食用菌行业龙头。这些龙头企业在借助工厂化生产带来实力提升的同时，开始放眼全国，将基地布局至全国各省。此外，福建省外的食用菌领军企业中，"闽商"的分量亦不可忽视。目前全国在沪深A股上市的食用菌企业仅有5家，其中1家为福建本土企业，另有1家上市企业及2家通过兼并上市的企业，其背景亦为"闽商"。"闽系"企业在其中的占比之高，足以展现闽商在食用菌行业的地位。

关键词：　闽商　食用菌　福菌

一　福建食用菌产业概况

食用菌是我国现代农业中一个正在迅速崛起的新兴产业，也是我

＊　陈丹妮，《海峡农业》杂志社副总编辑。

国种植业中的第五大优势产业。在近年我国农业各大产业的发展数据中，食用菌产量及产值的增长速度均为第一，是种植业中最具活力的经济作物之一，从而也成为我国产业扶贫的重要抓手。2017 年，我国食用菌产量占世界食用菌总产量 70% 以上，居世界第一位，中国已成为国际食用菌生产大国、消费大国和出口大国。①

2020 年 9 月，首届中国（福建）食用菌产业博览会在福州举办。据统计，当届菌博会参展商现场零售金额即达 1800 多万元；此外，通过博览会配套的经贸配对活动，达成配对额 1.32 亿元，并通过线上直播发起交易近 13 万次。随着首届菌博会的成功举办，第二届菌博会又很快确定于 2021 年继续在福州举办。

菌博会落子福州，原因之一便是福建在食用菌产业上的产区优势。福建是我国食用菌生产大省，发展食用菌的历史由来已久。由于山多地少，且有着丰富的食用菌资源，福建成为发展食用菌种植的福地，食用菌生产成为广大农村特别是山区地区的开发重点，成为农村经济的重要支柱。

从 20 世纪 80 年代开始，福建食用菌逐步走出传统的农业种植领域，开始迅猛发展。福建古田是我国食用菌行业中引领整体产业发展方向的重要风向标②。20 世纪 80 年代初，古田菇农只是把收获后的食用菌经过简单地去除杂质，晒干后投放市场。到了 80 代年末，为了增加银耳的出口量，古田人首创银耳剪小花工艺，把干银耳的含水量降到 10% 以下，延长了银耳的保质期，增加了银耳的出口量；同

---

① 《我国食用菌产量已占全球总产量七成以上》，新华网客户端百度百家号，https：//baijiahao. baidu. com/s？id = 1617191037448084457&wfr = spider&for = pc，2018 年 11 月 15 日。

② 《福建古田：中国食用菌产业重要风向标——从福建古田看食用菌"县域工厂"模式的发展》，澎湃，https：//www. thepaper. cn/newsDetail ＿ forward ＿ 8832488，2020 年 8 月 20 日。

时在香菇精加工方面，率先开始将烘干后的香菇进行分类、分级包装，带动了整个行业产品销售向等级化、标准化方向的发展，提高了产品的附加值。20世纪80年代，除了精加工外，古田人在深加工方面也做了有益的尝试，其先后开发的各类食用菌深加工产品达20多种，涵盖保健品类如参耳五味精、银耳多维糖片，饮料类如银耳小香槟、银耳露、银耳汽水，即食类食品如银耳茶、银耳粉、银耳浸膏、香菇罐头、银耳罐头以及银耳软糖、香菇肉松等。近几年，古田人以食用菌为主要原料，利用现代的科技手段，开发出一系列保健饮品、即食食品、美容护肤等产品，大大丰富了古田食用菌深加工产品的种类。

古田的食用菌产业发展也是整个福建食用菌产业发展的缩影。从最初的鲜菌干制的精加工开始，到深加工尝试，再到近年来通过科技提取物制成衍生产品，目前，福建的食用菌产业已形成集农业、食品加工业、药业和外贸于一体的综合产业，具有显著的经济效益和社会效益。

近年来，福建省成功选育驯化并推广的食用菌栽培种类居全国之首。全省栽培食用菌50余种，其中商业化规模栽培30多种，珍稀种类近20种。银耳、杏鲍菇、海鲜菇、猴头菇、茶树菇、秀珍菇、绣球菌、竹荪、大球盖菇等珍稀种类年产量位居全国首位。

目前，福建食用菌产量、产值及出口创汇都位居全国前列，是全国五大食用菌工厂化生产企业集聚区之一。2020年全省食用菌产量达450万吨，出口量达23万吨、出口额达9.5亿美元，几项指标均位居全国第一，食用菌产业全产业链总产值1190亿元，实现了千亿突破。

此外，从首届菌博会的参展阵容上亦可看出福建作为食用菌大省的优势。在参展产区中，宁德古田是"中国食用菌之都"，漳州是"中国罐头之都"，南平顺昌是"福建海鲜菇主产区"，三明尤溪是

"福建红菇主产区",福州罗源是"福建红菇主产区",这几大食用菌优势主产区均来自福建。在参展企业中,万辰生物是上市公司,仙芝楼是国家高新技术企业、农业产业化国家重点龙头企业,神农菇业是国内规模最大的瓶栽海鲜菇生产企业,容益菌业是全国绣球菌工厂化生产的行业之首,祥云生物是目前单体规模全国最大的银耳瓶栽工厂化企业。① 这些食用菌行业知名龙头企业均来自福建。

而在来自福建省外的参会客商中,也可以清晰捕捉到其中的闽籍"血缘"。江苏华绿生物科技股份有限公司董事长余养朝是福建罗源人,江苏品品鲜生物科技有限公司董事长陈长茂、公司总经理卓智勇均为福建古田人,山东友和生物科技股份有限公司董事长林启相为福建福鼎人。

二 闽商食用菌"走出去"的几种形式

(一)"福菌"闯天下

福山福水出"福菌",福建无疑是闽商食用菌企业发展的沃土。

经过40多年的长足发展,福建省食用菌从千家万户的分散栽培向集约化、规模化、工厂化发展,各类菌菇名品层出不穷,生产力分布渐趋合理,产区间产品结构特色突出,区域性产业集群效益明显。

目前,福建已形成了古田银耳优势区、漳州双孢蘑菇优势区、漳州杏鲍菇优势区、闽北黑木耳优势区、顺昌海鲜菇优势区、罗源秀珍

---

① 《福州"菌博会"新闻发布会在福州召开——八大亮点揭晓》,中国农业农村信息网,http://www.agri.cn/zx/xxlb/fj/202008/t20200831_7502120.htm,2020年8月31日。

菇优势区、闽南金针菇优势区、闽西北灵芝优势区、福州绣球菌优势区、南平竹荪优势区等一批具有全国影响力的产业集中优势区。

在打造产业集群的同时，福建大力推进"福菌"品牌建设。目前全省已有古田银耳、顺昌海鲜菇、罗源秀珍菇、汀菇（长汀香菇）、武平灵芝等区域公用品牌5个。古田银耳、顺昌海鲜菇、罗源秀珍菇、顺昌竹荪、武平灵芝、将乐竹荪等6个产品通过了中国地理标志产品认证。全省有知名商标68个，名牌农产品34个。

1. 优势区塑造区域产品名片

古田是全国最大的食用菌产销县，目前已有银耳、香菇、竹荪等30多个菌类实现规模化生产。如今，古田县开发生产的食用菌品种达37个，食用菌产量突破80万吨，每年产业链产值超过100亿元，食用菌相关产业从业人员近30万人。近年来，古田县更发展出了独具特色的"县域工厂化"模式。通过这一模式，种植户、合作社、加工厂、经销商拧成一股绳，合力发展食用菌全产业链，并在各自的环节细化、精耕，提升全产业链实力的同时，共享发展成果，带动全县富民工程的推进。

古田有享誉世界的食用菌品牌——古田银耳。全国银耳总产量的95%、世界总产量的90%都来自古田。毫不夸张地说，消费者购买的银耳，10朵中有9朵来自古田，故有"世界银耳在中国，中国银耳在古田"之誉。

漳州是我国食用菌生产历史最为悠久的地区之一，种类繁多，规模庞大，食用菌产量、加工量、出口量多年来名列全国前茅，素有"中国菇都""中国罐头之都""世界食用菌罐头之都"等美誉。近年来，漳州以"工业化理念、产业化思维"推动食用菌产业升级跃迁。从产品鲜销到加工生产，如今的漳州已搭建起完备的食用菌产业链，2016年，食用菌正式挺进该市百亿元级别农业支柱产业。

漳州还是全国最大的双孢蘑菇、白背木耳、工厂化杏鲍菇生产和出口基地，是福建双孢菇、杏鲍菇集中优势产区。其中漳州杏鲍菇产量占全国50%以上，龙海（含漳州台商投资区）双孢蘑菇罐头出口量占全国70%以上。2020年，漳州市食用菌鲜品总产量达79.5万吨，产值40.5亿元，食用菌产业全产业链产值超168亿元。①

　　南平是福建省竹荪优势产区，辖区内所有县市均有分布，其中建阳、邵武、顺昌、光泽等主产县栽培规模较大。竹荪以季节性大田栽培为主，近年来作为扶贫助农项目受到广泛推广。2019年南平全市竹荪产量6万吨，产值7亿元，全产业链产值达30亿元。②

　　南平的顺昌县是福建省海鲜菇主产区，2020年瓶栽海鲜菇生产规模全国第一，县域总产量全国第一，市场份额（60%）全国第一。③ 2018年，顺昌海鲜菇被授予"2018年度福建十大农产品区域公用品牌"称号；2019年11月18日，顺昌海鲜菇入选中国农业品牌目录。得益于顺昌海鲜菇品牌的经济效应，不仅海鲜菇相关农产品"水涨船高"，提升了农业产业经济，同时还带动了物流、包装等产业每年创造产值约3.5亿元，拉动了顺昌县经济的发展。

　　福州是全国五大食用菌工厂化生产企业集聚区之一。据统计，2019年全市食用菌鲜菇总产量达53.91万吨，全产业链产值约70亿元，产值上亿元的县达到3个。④ 2011年，福建省就率先成功实现珍

①　《漳州以"工业化理念、产业化思维"推动食用菌产业升级跃迁小蘑菇激活大产业》，《福建日报》2021年4月6日，第2版。

②　福建省农业农村厅：《福建省十大乡村特色产业发展情况》。

③　《顺昌海鲜菇喜获国家级荣誉　正式列入2021年第一批全国名特优新农产品名录》，顺昌新闻网，http://www.fjscnews.com/2021 - 04/20/content　1100580.htm，2021年4月20日。

④　《小菌菇撑起大产业　福州全方位打造现代农业食用菌全产业链》，国际在线福建频道，http://fj.cri.cn/20200904/ccb970cc - 6c5e - 76f7 - ad2b - 4ef312af5e4f.html，2020年9月4日。

稀名贵药食两用菌菇绣球菌的工厂化生产，拥有从菌种生产到子实体栽培以及产品精深加工技术的一系列知识产权及生产技术体系。目前，福州是全国最大的绣球菌生产基地，年产量约占全国的95%以上。①

福州的罗源县是福建省秀珍菇栽培主产区，拥有全国最大的秀珍菇集散地，占全国市场份额的50%左右，2019年，全县秀珍菇产量8.1万吨，全产业链产值达35亿元。②

闽北是福建黑木耳生产较为集中的地区，产区主要分布在三明的尤溪、明溪、将乐、大田及南平的建阳、浦城、松溪、建瓯等地。2019年闽北黑木耳产量16万吨，产值13亿元，全产业链产值超50亿元。

近年来，在闽北多地，黑木耳产业成为地区农业支柱产业，如尤溪县将其打造成"一县一品"特色产品，闯出了食用菌产业提质增效新路。2020年，该县种植黑木耳5000万袋，年产干品3800吨，其规模约占全省的1/3，产值超过2.5亿元，带动农民增收1.1亿元。③

闽西北是福建省灵芝优势区，其产出由闽北的浦城、松溪、泰宁、将乐，以及闽西的武平、长汀等地人工栽培或仿野生栽培的赤芝、紫芝为主要组成，年产灵芝500吨（干品），产品以灵芝切片、灵芝茶、灵芝精粉、灵芝孢子粉（油）等粗、精深加工产品为主，2020年全产业链产值超过30亿元。④

---

① 《福州全方位打造现代农业食用菌全产业链》，台海网，https：//new. qq. com/omn/20200904/20200904A02L8P00. html？pc =，2020年9月4日。

② 福建省农业农村厅：《福建省十大乡村特色产业发展情况》。

③ 《三明尤溪：技术送到田间 助农增产增收》，搜狐网，https：//www. sohu. com/a/452832857_ 120676781，2021年2月26日。

④ 福建省农业农村厅：《福建省十大乡村特色产业发展情况》。

　　闽南是福建省金针菇优势产区，由漳浦、云霄、翔安、晋江、南安等辖区内的金针菇工厂化生产企业组成。工厂化生产金针菇规模大、水平高。截至2019年，辖区内有金针菇工厂化生产省级以上龙头企业7家，日产金针菇近400吨、年产金针菇14万吨，全产业链总产值超过35亿元。[①]

　　2. 技术提档铸造行业龙头

　　九冬双胞蘑菇、仙芝楼灵芝、银朵银耳、容益绣球菌、万辰金针菇、神农白雪海鲜菇、如意情金针菇、绿源宝菌杏鲍菇……在这些福建品牌食用菌产品的背后，是强大的福建食用菌龙头企业，而"工厂化生产"是其中的发展密码。

　　福建省食用菌工厂化发展起步早。早在20世纪60年代，一些地区便有香菇段木栽培，而后福建又进行了一系列工厂化生产的有益探索，例如，20世纪70～80年代，银耳、香菇的代料栽培；90年代，香菇（花菇）、白背毛木耳、秀珍菇的集约化栽培等。而21世纪金针菇工厂化生产技术的成熟更是昭示了福建省食用菌工厂化生产模式的初步成型。

　　2013年，福建食用菌工厂化生产已具备一定规模。据了解，福建省食用菌工厂化生产企业在2013年就有285家之多，达到福建食用菌工厂化企业数量的巅峰。这一时期，杏鲍菇、真姬菇瓶栽生产得到大力发展的同时，福建还扶持了武平的真姬菇工厂化智能控制技术集成提升示范、邵武市海鲜菇工厂化生产示范等项目。企业投资规模扩大，产能大幅提升，市场供应稳定，食用菌工厂化、规模化生产进一步提高。

　　"十三五"以来，福建省食用菌工厂化生产企业经历一轮优胜劣汰的淘洗之后，呈现出新的发展格局：至2018年，继续生产经营的

---

　　① 福建省农业农村厅：《福建省十大乡村特色产业发展情况》。

食用菌企业为 183 家，与 2013 年相比，生产企业淘汰率高于 1/3①。2018 年至 2019 年，经过激烈的市场角逐，一方面，许多企业因生产亏损而歇业倒闭；另一方面，少数经营稳定、发展强劲的企业迅速抢占市场，食用菌工厂化企业兼并重组，集中度有所提高，行业龙头显现。工厂化企业数量虽有减少，但福建省食用菌总产能仍在上升。

2020 年，随着企业管理体系完善、经营实力增强、技术创新升级、工厂化技术成熟，企业承受住疫情冲击，单产产量大幅提升，工厂化水平稳中有升，助推福建食用菌总产值突破千亿元，食用菌工厂化发展阔步向前。截至 2021 年上半年，福建现有工厂化食用菌生产企业 255 家，全省食用菌工厂化生产比重接近 20%，高出全国平均 11 个百分点。

如今，福建食用菌工厂化生产栽培"百菌齐放"，品种涵盖金针菇、杏鲍菇、真姬菇（海鲜菇、蟹味菇、白玉菇）、银耳、绣球菌、双孢蘑菇等，灵芝、灰树花、长根菇（黑皮鸡）、滑子菇、茶树菇、姬松茸、金耳等种类的生产也在不断探索中，不断实现工厂化生产品种的研发突破，生产结构由优势品种向多样化发展。

一批产业龙头，如漳州同发食品（双孢蘑菇及罐头）、漳浦万辰生物（金针菇、蟹味菇）、厦门如意情（金针菇）、顺昌神农菇业（海鲜菇）、尤溪祥云生物（瓶栽银耳）、闽侯容益菌业（绣球菌），引领着全国食用菌工厂化生产。

漳州同发食品早在 2013 年便实施建设了"双胞蘑菇工厂化"示范基地、培训中心，在福建省率先进行双孢蘑菇工厂化、标准化栽培和示范推广。工厂化的生产模式大大提升了种植效益，工厂化种植一年可产 6~8 茬菇，年收双孢菇 150 公斤以上，是传统种植方法的 10 倍。

漳浦万辰生物于 2017 年参与福建省农业农村厅组织的木生菌新

---

① 谢福泉：《福建省食用菌产业发展变化研究与对策建议》，《北方园艺》2021 年第 1 期。

品种选育和产业化工程，与福建农林大学合作，培育出的"农万金8号"和"农万金9号"两个金针菇新品种均具有出菇整齐、产量高、质量好等特点，解决了万辰公司长期依赖日本品种的局面，从此不需要再从日本进口品种。目前，该公司年产金针菇8万吨、真姬菇7000吨左右，位处全国前列。

另外，福建厦门如意情集团目前可日产金针菇20万瓶、80吨，也是全国较大的金针菇供应商之一。

顺昌神农菇业以生产销售海鲜菇、平菇为主，已成为国内大规模使用瓶栽自动化技术生产海鲜菇的龙头企业。2018年，其产品产量占全国40%市场份额，产值超过3亿元。

尤溪祥云生物位于福建农民创业园尤溪食用菌产业核心区内，已建成日产银耳鲜品20吨的两条全自动银耳瓶栽生产线，年产量占全国银耳年产量10%左右，是目前全国单体规模最大的银耳瓶栽工厂化企业。

随着生产技术的不断升级，为了应对日趋激烈的市场竞争，福建各大菌企寻求"突围"，不断进行有益的尝试。

福建省食用菌工厂化生产方式主要涵盖瓶栽、袋栽和床栽3种模式，其中，食用菌瓶栽生产线可以实现较高的自动化程度。目前福建食用菌企业的瓶栽模式已经辐射多个品种，领先全国。全国首创瓶栽银耳的尤溪祥云，全国首家瓶栽海鲜菇的顺昌神农菇业就是其中的佼佼者。

福建嘉田农业开发有限公司的生产技术位居全国前列，是省级农业产业化龙头企业。从2009年开始，该公司便从日本、韩国引进瓶栽杏鲍菇生产线，日产杏鲍菇30多吨，成为国内生产规模最大的瓶栽杏鲍菇生产企业。与袋栽相比，瓶栽杏鲍菇个头小，口感好，经济效益更高。[1]

---

① 《福建南靖：瓶栽杏鲍菇向自动化生产模式转变》，中国食用菌商务网，http：//zixun. mushroommarket. net/201807/21/185138. html，2018年7月21日。

福建省食用菌工厂化生产原料对外依存度较高，而近几年棉籽壳、木屑、玉米芯等三大食用菌栽培主料价格的持续上涨给食用菌产业发展造成了很大压力，福建各大菌企寻求"突围"，做了一些有益的尝试。

福建九菇娘农业发展有限公司首先实现了海鲜菇废菌渣的循环利用。其致力于海鲜菇废菌渣的多次利用——利用海鲜菇废菌渣栽培草菇，草菇采摘后，进行废菌渣二次利用，栽培双孢蘑菇，退料后的废菌渣可做有机肥主原料，其有机质含量达68%。目前福建九菇娘农业发展有限公司的草菇年产量达300吨、双孢蘑菇年产量达400吨，年创产值近1000万元。

从段木栽培到木屑栽培，到菌草栽培，再到如今的"液体菌种"，福建菌企步履不怠。"液体制种"是利用生物发酵工程生产液体菌种，取代传统、朴素的固体制种模式。罗源县创鲜农业科技有限公司的液体菌种接种养菌项目于2021年4月顺利投产，彻底改变秀珍菇传统种植方式，以技术创新打破发展瓶颈，实现菌菇周年化生产，提升秀珍菇产值，这也是罗源县第一批实现工厂化生产的液体菌种秀珍菇。通过这次的"技术突围"，罗源不断深耕菌菇产业沃土，持续做大做强秀珍菇产业。[①]

机械自动化生产是实现食用菌工厂化生产规模化战略的重要途径，可以促进生产技术装备提档升级，降低劳动力成本，提高食用菌产量。

漳浦万辰生物是福建省规模最大、自动化程度最高、信息化应用和生产技术水平最先进的食用菌工厂化生产基地。该公司通过物联网

---

① 《技术创新打破发展瓶颈 福建省"罗源秀珍菇"驶入发展快车道》，中国食用菌商务网，http://zixun.mushroommarket.net/202104/23/196443.html，2021年4月23日。

技术，采集食用菌生产各环节数据，并通过实时监控和智能控制系统，使农业物联网应用与信息新技术在公司食用菌工厂化生产中得到充分的应用。在金针菇培育室内，温度、湿度、光照和二氧化碳浓度都通过物联网系统进行精确的调控。现代化生产与智能物联网技术的有效结合，助推万辰生物打造出高效、循环、生态、可持续的食用菌工厂化栽培模式，生产效率较传统模式提高了约40倍。

位于罗源县的百谷农业有限公司是一家生产海鲜菇的企业。百谷农业引进了物联网检测系统智慧化种菇，通过一部手机或电脑远程控制，就可以实现智慧种菇，实现智慧化、周年化、工厂化生产。2020年8月，百谷农业引进全自动菌包生产线，不仅提高了菌包的填装效率，还为企业产能扩充提供保障。2020年百谷农业产值预计可达2700万元，年生产菌包500万袋，产量较2019年提高10%。[①]

3. 闽籍菌企"外向"发展

随着工厂化生产带来的实力提升，福建食用菌企业开始放眼全国，将生产基地布局至全国各省。

于2021年4月在创业板挂牌上市的福建万辰生物科技股份有限公司，现在就拥有福建漳浦和江苏南京两大生产基地，员工总数超1000人，年产食用菌9万吨，是农业产业化国家重点龙头企业。

万辰生物是福建省农业产业化省级重点龙头企业，其福建生产基地坐落于海峡两岸（漳州）农业硅谷，其拥有的"万辰菇业"商标被评为福建省著名商标，"万辰菇业"金针菇被评为福建省名牌产品。万辰生物江苏生产基地坐落于南京白马国家农业科技产业园，公司于2013年在此设立子公司——南京金万辰生物科技有限公司，公

---

① 《小菌菇撑起大产业 福州全方位打造现代农业食用菌全产业链》，国际在线福建频道，http://news.fznews.com.cn/dsxw/20200903/5f5100b4993ec.shtml，2020年9月3日。

司现已通过无公害农产品产地认定与产品认证，2017年获得"江苏省省级重点龙头企业"的称号，2018年获得"南京市特精专新"企业称号，2019年获得"江苏省农业科技型企业"的称号。

如意情生物科技股份有限公司成立于2010年，主要从事金针菇、鹿茸菇、蟹味菇、白玉菇、杏鲍菇等食用菌的研发和生产。目前，公司已先后成立了位于武汉以及厦门、连云港的子公司，共拥有六座大型食用菌生产工厂。

位于江苏省洪泽区的江苏紫山生物股份有限公司，是福建紫山集团股份有限公司于2012年5月9日投资创建的专注于双孢蘑菇工厂化种植的企业。依托控股股东福建紫山集团股份有限公司32年的双孢菇产品加工技术、管理团队和遍布全球的成熟销售渠道，江苏紫山生物形成了覆盖双孢菇制菌、栽培及加工基地的全产业链，年产双孢蘑菇3.5万吨，年销售收入近亿元，获得江苏省农业产业化重点龙头企业、江苏省民营科技型企业等荣誉称号。2016年5月19日，江苏紫山生物股份有限公司在全国中小企业股份转让系统成功挂牌上市。

（二）省外食用菌龙头里的"闽系"血缘

2021年4月12日，国内工厂化食用菌行业领先企业华绿生物登陆创业板。这家总部位于江苏省的菌菇企业，其背后却是道地的"闽商"。余养朝，福建福州罗源县飞竹镇斌溪村人，现任江苏华绿生物科技股份有限公司董事长、总经理。招股书显示，IPO前，余养朝直接持有公司41.12%的股份，并通过宿迁华鑫和拙朴投资间接持有公司0.42%的股份，系公司的控股股东和实际控制人。①

在余养朝年幼时，蘑菇种植便是家里主要收入来源，其后凭借家人传授的种植香菇蘑菇的些许经验，余养朝开启了人生新篇章：26

---

① 华绿生物IPO：金针菇贡献逾90%收入毛利率下滑趋势明显。

岁任上海高榕食品有限公司副总经理；36 岁担任上海铭博实业有限公司董事长、总经理；39 岁成立江苏华绿生物科技股份有限公司，并担任董事长、总经理；41 岁注册设立泗阳华盛生物科技有限公司，并担任华茂农业、华盛生物董事长、总经理；43 岁任北京华绿董事长、经理；44 岁带领华绿生物登陆新三板；46 岁成立重庆华绿生物有限公司；50 岁带领华绿生物在深交所创业板 A 股上市，成为宿迁第一家通过"注册制"登陆 A 股的企业，宿迁第一家农业上市企业，泗阳县第一家上市企业。

华绿生物成立于 2010 年，公司专业从事食用菌的研发、工厂化种植及销售业务，是国内领先的食用菌工厂化生产企业之一。目前，公司主要产品为金针菇，同时，量产真姬菇（包括蟹味菇、白玉菇等品类）等食用菌产品。截至 2020 年 6 月 30 日，公司食用菌日产能达 330.02 吨，综合实力处于国内同行业先进水平。此外，公司的技术储备十分丰富，具有研发和生产杏鲍菇、茶树菇、滑菇、猴头菇、灰树花、鹿茸菇等多种食用菌品种的能力。①

因为成长背景与食用菌密切关联而逐步成为食用菌届"大佬"的，还有大型销售企业永佳公司董事长林郑顺。林郑顺是宁德土生土长的民营企业家。1989 年，他远赴深圳创业，早期从事香菇生意，1992 年就开始将食用菌等销往欧美、加拿大、澳洲、迪拜、东南亚等地区。如今，永佳公司已发展成为拥有自主出口权的跨国农产品贸易企业，拥有深圳市永佳农产品有限公司和福建省宁德市永佳贸易有限公司两家联营企业，并在福建、广东、云南、湖南、东北等地区设有多个食用菌、蔬菜等农副产品生产基地。

---

① 《华绿生物：食用菌工业化生产头部企业　募投扩产增强核心优势》，中国食用菌商务网，http://zixun.mushroommarket.net/202104/12/196262.html，2021 年 4 月 12 日。

　　江苏品品鲜生物科技有限公司董事长陈长茂是福建古田县人，在食用菌种植行业从业 15 年左右。品品鲜生物科技有限公司是一家国内著名的工厂化食用菌种植企业，公司总部在江苏省连云港市灌云县经济开发区，占地 121 亩，总投资 2 亿元，总建筑面积近 5.5 万平方米，是目前国内最大的袋栽真姬菇生产企业，年产值近 2 亿元，为当地提供 400 多人的就业岗位，是江苏省农业龙头企业和高新技术企业。公司目前旗下控股和参股的公司共计 8 家，分布在江苏、北京、重庆、四川、广西和河南。

　　同样位于江苏省连云港市的江苏裕灌生物科技股份有限公司，其集团董事长兼总裁黄健光是福建漳州人。公司成立于 2010 年 10 月，注册资金 1.5 亿元，总投资额 12 亿元，主要从事食用菌研发、种植、罐头生产及进出口业务。公司蘑菇销售及物流配送覆盖全国近 30 个省区市，罐头产品外销区域覆盖了欧美及东南亚地区。

　　山东友和生物科技股份有限公司董事长林启相是福建福鼎人。友和生物是一家集食用菌种植、加工、销售和服务于一体的综合性企业，也是山东省级农业产业化龙头企业。位于山东省邹城市的友和生物，旗下有两家全资子公司：山东友硕生物科技有限公司、山东友泓生物科技有限公司。公司现有三大金针菇生产厂区，建筑面积 18 万平方米，10 多年累计总投资达 10 多亿元，可日产鲜菇 340 吨，年产鲜菇量达 12 万吨，居国内行业领先地位，是中粮多年的重点战略合作伙伴。

　　华绿生物、品品鲜和友和生物均是中国菌届闽商联盟的副理事长单位。在该联盟的 7 位副理事长单位中，有 2 家为上市企业，即江苏华绿生物、福建万辰生物；2 家通过兼并上市，即如意情集团、江苏裕灌生物。根据公开资料，联盟中另 3 家副理事长单位山东友和生物、福建神农菇业、江苏品品鲜生物均为筹备上市状态；理事单位中的江苏香如生物也在筹备上市中。

公开资料显示，目前全国在沪深 A 股上市的食用菌企业仅有 5 家。"闽系"企业在其中的占比之高，足以显示闽商在食用菌行业的地位。

三　福建食用菌产业未来发展预测

"十四五"开局起步，闽菌产业步履铿锵。

根据"十四五"发展规划，福建食用菌产业将按照"专业化、工厂化、标准化、规模化、品牌化"发展方向，坚持全产业链发展路径，不断延伸产业链、提升价值链，加快工厂化生产，提质增效，培育壮大产业龙头，做大做强设施化规模化栽培，进一步巩固提升食用菌产业全产业链千亿产值发展水平。

1. 核心技术就是未来

从现有的食用菌行业龙头企业发展历程来看，技术无疑是最强的法宝。近年来，福建省启动现代食用菌产业技术体系建设，针对食用菌产业转型升级出现的新需求与新问题，通过菌种、栽培、保鲜加工等提质增效技术的研发集成创新、示范推广与产业化开发，提升食用菌创新与成果转化能力，推进福建现代食用菌产业高质量发展。

福建食用菌技术创新注重研究种质资源、栽培方法，双管齐下为本省食用菌供"良种"、谋"良技"。如今，全省已通过省级以上认定的品种有 30 多个，其中香菇"Cr"系列、双孢蘑菇 2796、W192、W2000、福蘑 38、毛木耳 781 等品种在全省乃至全国大面积推广，福建食用菌栽培种类全国最多；银耳"双菌制种"、食用菌代用料栽培、竹荪田园栽培、大球盖菇地栽以及绣球菌、杏鲍菇、海鲜菇工厂化栽培等技术引领全国发展；自动化袋栽、瓶栽、自动化高压灭菌器、无菌净化接种车间及草腐菌培养料现代隧道发酵等现代先进设施设备以及信息技术在工厂化生产中得到广泛推广应用，工厂化水平全

国领先。

巩固优势，继续提升食用菌设施化工厂化生产水平，强化食用菌产业科技支撑势必是持续发展的必要条件。

2. 把好质量关打响"福菌"品牌

"一县一业、一镇一特"是福建发展食用菌产业的思路。按此思路，福建将巩固提升古田银耳、顺昌海鲜菇、罗源秀珍菇等现有区域公用品牌，打造一批区域特征明显、产业优势突出、市场知名度高的食用菌强县、强镇区域公用品牌。

把好质量关，是打赢"福菌"牌的关键。连续几年来，福建省食用菌产业深入开展提质增效示范基地建设，把标准化生产作为基地创建的重要内容，大力推动香菇、茶树菇、秀珍菇、银耳等种类新建标准化基地，并对现有生产基地菇棚进行标准化改造提升，扶持配备温控、通风、绿色防控的设备设施，提升标准化设施化生产水平。针对省内主栽香菇、黑木耳、银耳、竹荪、杏鲍菇、海鲜菇等特色优势品种主产区，持续开展质量安全专项整治，积极引导并推动打造区域公共品牌，夯实当地政府质量安全监管职责和生产栽培企业主体责任，不断提升"福菌"品牌影响力。

3. 三产融合千"菌"齐发

位于古田县桃溪村的"蘑菇部落"，是一个以食用菌文化为主题，融生态休闲、观光体验、乐活养生为一体的乡村旅游地，吸引着源源不断的游客前来观光体验。

"蘑菇部落"是古田推进食用菌产业三产融合版图的一部分，也是古田推行"食用菌 + 生态旅游 + 文化休闲"产业发展新业态的实践创新。如今，古田县已培育了区域农产品公共品牌"十方田""古田银耳""中国食用菌之都"等古田食用菌公共品牌。未来，古田县着力于打响品牌知名度，持续做优一产、深化二产、做强三产，不断延伸产业链，提升价值链，势在建成三产融合发展的现代食用菌产业园。

在罗源，"一菇独秀"秀珍菇已成为金字招牌。起步镇作为罗源最重要的食用菌生产基地，于2019年8月开工建设创味食品智能恒温菌菇食品加工项目，项目包含食用菌生产、加工、销售等。据了解，起步镇正着力实施食用菌种植核心区和食用菌产业三产融合区建设，打造标准化的连片生产区，① 在沈海高速起步出口原花卉市场地块建设食用菌产业三产融合区。

纵观福建全省食用菌发展，产业集聚步伐加快。通过国家级、省级食用菌现代农业产业园及产业强镇等项目建设，福建实施一批重点项目，带动一批新建投资，菌种生产科技园、食用菌精深加工园区及现代电商物流园区等园区建设在各地巩固提升并壮大规模，食用菌产业集中度持续提升，一二三产业链融合发展持续深化，区域化规模发展优势正在显现，古田、顺昌、龙海、尤溪、罗源等优势集中区在全国地位凸显。"三产融合"平台已搭就，延伸产业链是福建继续发展食用菌产业的一大趋势。

---

① 《罗源起步：种菇小镇的振兴足迹》，中国农业信息网，http：//www. agri. cn/ V20/ZX/qgxxlb_ 1/fj/202010/t20201022_ 7543699. htm，2020年10月22日。

B.6
2021年福州夜间经济发展报告

张羽 叶秋云*

摘　要： 当前，夜间经济已成为都市经济的重要组成部分，是彰显城市特色与活力的重要载体。其繁荣程度，被看作是一座城市经济开放度、便利度和活跃度的"晴雨表"。夜间经济不仅是城市消费的"新蓝海"，更是满足人们日益增长的对美好生活需要的新方式，同时还能扩大内需、繁荣市场、创造就业、提振信心，多元化展现地方特色文化。本报告在分析夜间经济发展历史的基础上，分析了全国夜间经济发展情况，并聚焦福建省福州市打造夜间消费场景和集聚区较为突出的闽商代表，重点选择融侨集团、福建东百集团股份有限公司、泰禾集团股份有限公司等近年来发展模式与创新能力受到各方认可的闽商企业作为案例，对闽商探索、发展夜间经济形态进行探讨。

关键词： 闽商　夜间经济　夜间文化类消费

一　福州夜间经济发展历史

从古至今，人们对夜生活的需求一直强烈。

* 张羽，中国新闻社福建分社事业发展中心主任、融媒体中心运营总监；叶秋云，中国新闻社福建分社融媒体中心记者。

我国的夜市，大约始于殷、周之际。最早记载夜市的文献是东汉哲学家、思想家桓谭的《新论》。其《离事第十一》谓："扶风漆县之幽亭，部言本太王所处，其民有会日，以相与夜市，如不为期，则有重灾咎。"此文献中的"夜市"，指的是夜间的集市贸易。据相关资料显示，到了汉代，集贸市场似乎实行了"划行规市"，有直市、狱市、肉市、军市、官市、关市等；按经营时间划分，有早市、大市、夕市和夜市。①

随着城市的扩张和经济的快速发展，唐朝及以前的坊市界限被打破，到了宋朝，城镇和乡村集市的营业时间变得不受限制，夜市迅速发展起来。孟元老《东京梦华录》卷二"州桥夜市"条说，顺御街往南出朱雀门，直到龙津桥，这一带就是北宋著名的州桥夜市。从州桥往南去，当街有卖水饭、熬肉、干脯等吃食的摊子。夜市上各种小吃应有尽有，且价格不贵。②"夜行山步鼓冬冬，小市优场炬火红。"陆游《夜投山家四首其二》中的诗句写出了中国古代城市的夜市随着经济的发展而出现了新的变化。

发源于唐宋、兴盛于明清的闽商，是"海上丝绸之路"的重要参与者。随着从商人数不断增加，闽商不断壮大，福建商贾聚集地福州、泉州、厦门等地夜市也十分繁华，地处福州市台江区的上下杭历史街区就是当年其中之一。

上下杭历史街区，如今被誉为"福州传统商业博物馆"。该地区自明代中期发轫，在民国时期达到鼎盛，"百货随潮船入市，万家沽酒户垂帘"，酒楼、商铺林立，可见当时繁华景象。光绪三十一年（1905年），双杭的三位商人在下杭街成立了"福州商务总会"；宣

---

① 《夜市自古有　宋代格外火》，新华网，http://www.xinhuanet.com/book/2017-08/26/c.129688083.htm，2017年8月26日。

② 《传统习俗：夜市自古以来就有，宋朝的夜市格外火》，《腾讯文化》，https://cul.qq.com/a/20170824/005911.htm，2017年8月24日。

统三年（1911 年），商会又购买了上杭街的房屋作为商会会所（如今的福州市工商联所在地）。目前留存的清末古典建筑——福州商会"魁身楼"，俗称"八角亭"，是当时上下杭乃至福州商界的地标建筑。

新中国成立前，上下杭地区是临江的商业区，茶楼酒馆、戏院书场、歌场舞场等一应俱全，既是福州商务交流中心，也是休闲娱乐的场所。而后的几十年，随着城市发展，商业中心逐渐转移和变化，上下杭渐渐淡出视野。

随着福州推进古厝保护和文化传承，2014 年，上下杭历史文化街区保护修复工程启动。近年来，上下杭历史文化街区经过修缮和升级，结合步行街的建设，将旅游、餐饮、夜间娱乐、夜间购物等元素融为一体，台江的夜间经济又焕发出了新的生机。

二 福州夜间经济发展情况及相关规划

（一）近年来夜间经济发展情况

随着经济的快速发展和社会的不断进步，"日落而息"的传统作息模式已悄然改变，夜间娱乐休闲活动增多，夜间消费也日益上升。

经济学家发现，一个地区夜晚的灯光亮度和该地区的 GDP 成正比。来自商务部的一份城市居民消费习惯调查报告显示，我国 60% 的消费发生在夜间，大型商场每天 18 时至 22 时的销售额占比超过全天的一半，并逐步上升。在技术不断发展、消费加速升级的当下，夜间经济发展正呈现出全新的特点。①

---

① 《夜间经济活力迸发》，《经济日报》，http：//paper. ce. cn/jjrb/html/2019 - 09/ 18/content_ 401076. htm，2019 年 9 月 18 日。

夜间经济（night-time economy）一词是 20 世纪 70 年代英国为改善城市中心区夜晚空巢现象提出的经济学名词。[1]

英国于 1995 年正式将发展夜间经济纳入城市发展战略，从 2004 年到 2016 年，伦敦创造了超过 10 万个新的夜间工作岗位，2017 年伦敦市的夜间经济收入达 263 亿英镑，预计到 2030 年将达到 300 亿英镑。夜间经济业态多元化与社会多元主体参与管理是伦敦夜间经济成功的关键。[2]

夜间经济在我国的发展自 1990 年初起步，经历了延长营业时间、多业态粗放经营和集约化经营几个阶段。目前，我国的夜间经济已经由早期的灯光夜市转变为包括"食、游、购、娱、体、展、演"等在内的多元夜间消费市场，逐渐成为城市经济的重要组成部分。[3]

夜间经济，被越来越多的城市重视，出台政策鼓励和支持，而不少业内人士也将夜间经济的发展称为城市经济发展的下半场。[4]

2019 年，国务院办公厅印发《关于加快发展流通促进商业消费的意见》，提出活跃夜间商业和市场以促进消费。[5] 福州、重庆等全国多地也相继出台政策促进当地夜间经济繁荣发展。

---

[1] 邹统钎、常梦倩、韩全：《我国夜间经济发展的现状、问题与对策》，专业视听网，http：//www. proav－china. com/News/21279. html，2019 年 4 月 24 日。

[2] 《这是追赶夜经济的青岛脚步》，凤凰网青岛综合，https：//qd. ifeng. com/a/20190509/7343044_ 0. shtml，2019 年 5 月 9 日。

[3] 邹统钎、常梦倩、韩全：《我国夜间经济发展的现状、问题与对策》，专业视听网，http：//www. proav－china. com/News/21279. html，2019 年 4 月 24 日。

[4] 《城市经济下半场：寻找夜间消费新动力》，21 世纪经济报道，http：//www. eeo. com. cn/2019/0718/361428. shtml，2019 年 7 月 18 日。

[5] 《活跃"夜经济"国办发文提出 20 条政策措施促消费》，中国新闻网搜狐号，https：//www. sohu. com/a/336877960_ 123753，2019 年 8 月 28 日。

统计数据显示，自2018年至2020年，国内整体夜间消费金额占比增大（见图1）；夜间经济也成为假日市场的一大亮点（见图2）。①

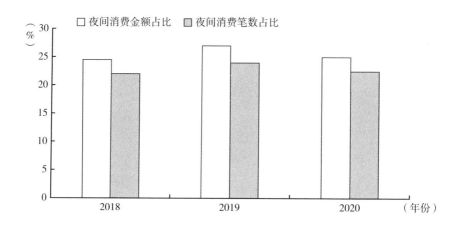

图1 国内整体夜间消费情况

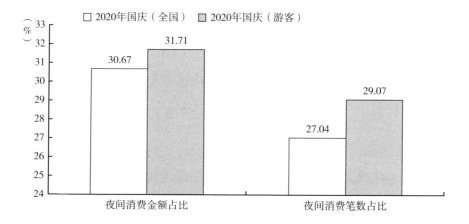

图2 2020年国庆期间国内夜间消费占比

---

① 《一图速览：我国夜间经济发展现状》，新华网数据新闻，http://www.xinhuanet.com/video/sjxw/2020－11/02/c_1210868502.htm，2020年11月2日。

夜市往往充斥着烟火气、食物的香气和人潮涌动的热闹。中国旅游研究院博士韩元军表示，在国家大力激发内需潜能，不断满足人民群众对于美好生活向往的导向下，夜间经济因其综合带动作用大、产业链长、关联产业多等特征成为各地积极发展的经济新形态。[①]

（二）福州夜间经济发展规划情况

据福州市商务局相关负责人介绍，夜间经济不仅体现着一座城市的商业活力、生活品质和文化氛围，而且已经成为激发消费潜能的重要引擎和扩内需、促消费的重要增长点，同时也是一座城市现代化程度的重要标志。近年来，福州市夜间经济发展经历了两个阶段。

2018年6月至2019年12月是福州市夜间经济规划建设阶段。为了推进夜间经济发展，2018年6月，福州市出台了《关于推进夜色经济发展的实施意见》，在福州市13个县（市）区各自建成1个至3个夜色经济街（区），初步形成规划合理、设施完善、交通便捷、业态多元、经营规范、特色鲜明的发展格局。

通过政策引领、科学规划、创立品牌、亮化美化、错位发展、打造特色、宣传造势等举措，到2019年底，福州市共打造了三坊七巷街区、上下杭历史文化名街、万爱商圈休闲购物美食区等20个夜色经济街区，形成了涵盖"休闲娱乐、餐饮购物、文化演艺、体育健身、教育培训、旅游观光"等多元业态、多点开花的福州夜色经济街区布局。

2020年1月至2020年12月，福州市夜间经济进入改造提升阶

[①] 《夜间经济活力迸发》，《经济日报》，http://paper.ce.cn/jjrb/html/2019-09/18/content_401076.htm，2019年9月18日。

段。为了贯彻落实《国务院办公厅关于加快发展流通促进商业消费的意见》和《福建省人民政府办公厅关于进一步促进消费增长若干措施的通知》精神，2020年，福州市先后制定出台了《关于进一步推动我市夜色经济发展的指导意见》和《福州市夜色经济体验示范街区建设提升专项行动方案》。

在原有20个夜色经济街区的基础上，福州市13个县（市）区各自优选确定一个作为福州市级夜色经济体验示范街区，也可以另外挑选新的位置进行建设。同时，福州市健全完善工作机制，发挥协同协力效应，建立福州市推进夜色经济发展工作联席会议制度，定期协调推进福州市夜色经济街区建设管理工作，联席会议办公室设在福州市商务局，市文旅局、市自然资源和规划局、市城乡建设局、市城管委等有关市直部门共同参与，统筹协调、督促推进夜间经济发展。

简化程序，优化审批。福州优化了市级夜色经济街区四至范围内的规划、建设、促销、店牌店招、商业广告投放、文艺演出等相关事项的审批流程，将相关审批权限下放到各县（市）区。主管部门适度调整放宽市级夜色经济体验示范街区的店招设置相关标准限制，鼓励采用创新工艺、创新材料、创新设计的店招设置，并加快店牌店招的审批。

统筹规划，资金保障。福州把市级夜色经济体验示范街区列入城市基础设施、历史文化街区建设等统筹规划之中，充分发挥现有各项财政扶持资金的作用，支持夜间经济发展，2020年，福州市投入资金超过7亿元进行提升改造。

为了及时掌握建设提升情况，福州建立工作考评机制，每半个月通报一次，每个月向福州市政府督查室、市效能办报送一次总体进展情况，并在2020年10月、11月、12月三次组织各县（市）区开展交叉评估，并将评估结果进行通报。2021年初，福州市商务局委托第三方机构开展考评工作，严格考评福州13个县（市）区的15条市级夜色经济体验示范街区，对完成情况好的给予一定奖励资金。

2021 年 6 月，福州市商务局发布《关于市级夜色经济体验示范街区考评结果的通知》①，并将考评结果（见表1）对外公布。

表1 福州市级夜色经济体验示范街区考评结果

A 类	第一名	鼓楼区三坊七巷
	第二名	闽侯县上街大学城永嘉天地
	第三名	晋安区东二环泰禾广场
	第四名	福清市万达广场
	第五名	台江区上下杭·金银里
	第六名	仓山区万达广场(金街)
	第七名	长乐区东湖数字小镇
	第八名	台江区苏宁广场
B 类	第一名	长乐区万星青鸢广场
	第二名	马尾区名城中心
	第三名	永泰县永阳状元坊
	第四名	罗源县三中路
	第五名	连江县魁龙坊
	第六名	闽清县梅城印记
	第七名	高新区公园里·夜市

福州鼓楼区三坊七巷市级夜色经济体验示范街区位于鼓楼核心区域，东起八一七路，西至通湖路，南起乌山路，北至杨桥路，总面积约150公顷，主商业街（八一七路东街口至津泰路口段）长度约550米。

建设过程中，鼓楼区学习借鉴重庆、成都、长沙等地夜色经济街区建设经验，围绕福州市委、市政府着力发展"便民消费服务型、

① 《关于市级夜色经济体验示范街区考评结果的通知》，福州市商务局，2021 年 6 月 8 日。

文旅夜市融合型、时尚品质商圈型"夜间经济形态要求，发挥地铁 1 号、2 号线引流效应，依托三坊七巷 5A 级旅游景区、东街口"八闽第一商圈"载体空间，推进街区空间互联互通、文旅商融合发展、消费体验升级，致力打造一个集旅游观光、文化创意、娱乐体验、购物餐饮等功能于一体的专业化、品牌化、智慧化夜色经济街区。

2018 年以来，鼓楼区先后制定加快发展夜色经济实施方案、鼓楼发展夜色经济 2.0 版。2020 年 8 月，配套出台《鼓楼区夜色经济街区建设提升专项行动方案》，成立夜色经济街区建设提升工作领导小组，明确项目清单和责任清单，定期召开联席会议。同时，在福建省范围内率先推出《鼓楼区发展"夜色经济集市"规范工作导则》（试行），从规划选点"十不得"、整体设计"两必须"、规范运营"三落实一办理"、日常管理"三严抓一排名"、费用收取"四建议"等五个方面规范夜间集市运营管理。

近年来，通过政府、业主、经营方共同出资，投入约 3 亿元，加强三坊七巷夜色经济街区硬件配套设施建设，构建了福建省首个空中、地面、地下综合立体夜色经济街区。其中，建成包括东百中心、中城大洋、大洋晶典、冠亚广场、安泰中心、三坊七巷等在内的 56 万平方米地面商业载体、5.9 万平方米南街地下商城和东百中心空中连廊，打通片区道路交通"微循环"。此外，还实施了安泰河沿线夜景亮化、美化工程，提高夜间消费场所的辨识度和吸引力，目前，安泰河沿线外立面整治总形象工程基本完成。

在软件配套上，鼓楼区与支付宝口碑、美团、饿了么等平台合作，推出"鼓楼夜间消费地图"，鼓励胡桃里、火山灰、雍和会等餐饮企业延时经营，在三坊七巷街区内打造放心安全的"深夜食堂"，增设"7-11"、六意等 24 小时便利店，提供更加丰富便捷的夜间便民服务。

鼓楼区着力引进一线品牌，实施东街口商圈品牌专业策划。截至

2021年1月，全街区共有商业品牌超过1100个，引进国际一线品牌23个，入驻品牌首店超过200家。新南街已成为首店街、排队街、冠军街，东百中心获得"中国好门店""CCFA金百合购物中心最佳创新奖"等称号。

为了全面推动"夜购、夜食、夜娱、夜游、夜宿、夜演"的优化升级，鼓楼区依托朱紫坊、安泰河畔、三坊七巷等载体，引进民宿酒店、品牌酒吧、品牌餐饮等休闲娱乐业态，弥补22时之后的业态断层；对安泰中心和冠亚广场进行业态重塑，科学引入健身房、24小时书店、共享自习室等差异化夜间消费业态。鼓楼区还探索结合织缎巷、厂巷、花巷等特色老街巷和现有业态，汇聚八闽特色小吃、民俗、文创产品，在南街地下商业街打造"老字号"一条街，充满浓郁的市井气息。

2018年至2021年1月，鼓楼区累计投资2000多万元，推动主题促销活动常态化。2020年以来，鼓楼区结合"惠聚榕城消费季""全闽乐购"等活动带动街区商业活力，街区商家让利约3.5亿元。开展"指尚东街口""幸福鼓楼·伴你成长""爱在鼓楼""夜色撩人2.0"等200多场评选活动和线上直播活动，推动线上销售额同比高速增长。2020年12月以来，在开展"夜色撩人2.0"2020鼓楼区夜色经济街区嘉年华活动期间，东百中心、大洋百货等街区主要商家销售额同比增长约18%，客流量同比增长7.8%。

截至2021年7月26日，鼓楼区常态化运营东百中心集市（南街街道东百中心A馆）、大洋花巷集市（东街街道大洋百货）、乌塔潮集市（安泰街道冠亚乌塔广场）、金汤新天地集市（华大街道恒力博纳广场周边）、梦山路青年梦想集市（鼓西街道梦山路）、温泉夜市（温泉街道玉泉路）、五一广场造物市集（水部街道香巷路段）7个夜间集市；其中鼓楼区三坊七巷市级夜色经济体验示范街区包含东百中心集市、大洋花巷集市、乌塔潮集市3个夜间集市，共计328个摊位。

（三）福州开启"赏夜景、游商圈、逛夜市"模式

夜间经济范围包括夜景观光、街区夜游、景区夜游、夜市/夜宵、夜间演艺、夜间节事、夜间文化场所休闲活动等。为了满足人民美好生活的需要，中国旅游研究院提出适配夜间经济的"老三样、新三样、再三样"概念。"老三样"是指夜市、演出和景区；"新三样"是指节事、场馆、街区；"再三样"则是指书店、古镇和乡村。①

中国旅游研究院调查发现，"老三样"是夜间高频消费项目，夜游成为一个必选方案，城市夜景观光和景区夜游是游客夜游的主旋律。福州市永泰县便立足永泰的生态资源禀赋和历史文化底蕴，突出"状元之乡、生态福地"主题，着力打造集生态、休闲、体验、消费、文化为一体的夜色经济示范区。

2019年9月底，永泰美食街开街。永泰美食街"夜食"场所占地面积18.16亩，经营面积7157.19平方米，经营范围包括本地美食、土特产销售、音乐餐吧、风味小吃等10余种业态。2020年，永泰县又以永泰南城新区为纽带，重点打造夜食、夜玩、夜赏、夜游和文创五大主题，着力让永泰的夜生活热起来、火起来。

夜食。永泰县在永泰南城新区中庭街区内增设21辆美食流动餐车，加大美食街招商力度，引进知名连锁品牌，吸引不同层次消费群体；同时打造广场版"深夜食堂"，设置露天大排档、帐篷小吃和村宴等美食区，丰富美食类型，延长服务时限，持续激发消费潜力。

夜玩。永泰县开放夜间共享广场，在"六馆一中心"（包括文化馆、博物馆、图书馆、科技馆、规划展示馆、旅游体验馆和演艺中

---

① 《〈中国夜间经济发展报告〉：景区夜间经济的"新三样"与"再三样"》，中国照明网，https://www.lightingchina.com.cn/news/76919.html，2021年3月30日。

心）户外广场搭建舞台，组织现代综合类演出，打造更有视觉效果和娱乐感的"夜间游乐场"；打造农村产品展销馆，在"六馆一中心"对面的展馆内引入运营公司，展销永泰特色农产品，推广永泰县"十佳伴手礼"，并借助网络平台，实现移动支付全覆盖，打造线上线下相结合的农村产品新零售体验馆。

夜赏。永泰县盘活展馆资源，夜间免费开放图书馆，满足群众精神文化需求；与此同时，还立足国家全域旅游示范区，全天候开放旅游体验馆，展示永泰庄寨、温泉等旅游资源，吸引更多游客"云"游永泰、认识永泰。另外，永泰县还筹划推出了舞台剧，永泰县演艺中心推出的以《梦回永泰》为主题的舞台剧，宣传了永泰具有代表性的家文化、神话传说、民风民俗等特色文化，成为游客必看剧目，让广大消费者感知永泰、向往永泰。

夜游。永泰县将现有的休闲步道进行串联，设置观景、驿站节点，打造联通永泰县动车站、永泰香米拉温泉酒店、永泰冠景温泉大饭店等节点的核心步道，引导客流聚集。同时，在联奎塔、演艺中心和旋转步梯等重点区域设计灯光秀，定时推出灯光秀表演，提升整个片区的观赏性。此外，还对永泰县动车站站前大道周边的休闲健身步道进行亮化提升，加亮步道灯光亮度。

文创。在充分保护和活态利用的前提下，永泰县对老造纸厂进行改造，将其打造成福建省首个城乡融合文化创意产业园区，运用"延续传统＋乡创活化"的模式，培养当前急需的传统文化与技艺传承人才，实现名家交流研习、传统技艺传承、传统文化体验等新业态的集聚与融合。永泰县还通过对原有建筑群的更新改造，植入餐饮美食、文创娱乐、康健互动等业态功能，打造24小时可玩可赏的文创街区。

为进一步促进消费，2020年，晋安区也开启了夜色经济示范街区建设提升专项行动，以打造"摩登时尚地·潮流不夜城"为目标定位，全力推动东二环泰禾市级夜色经济示范街区的改造提升，着力

打造"首店品牌""网红经济""最潮夜店""全时段经营"四个特色亮点。①

东二环泰禾广场由泰禾集团股份有限公司打造，整体项目是150万平方米的城市综合体，涵盖商业、写字楼、SOHO、三家酒店（凯宾斯基、铂尔曼、智选假日）、高端住宅等多功能物业。商业板块总共包括三个部分：西区购物中心、泰禾新天地（商业街区）、东区购物中心，总商业面积达到34万平方米，商业的业态包括娱乐休闲、亲子儿童、影院、购物、生活服务、超市、餐饮、酒吧、剧场、医疗健康等，消费者所有的需求几乎都可以在这里得到满足。

东二环泰禾市级夜色经济示范街区作为福州市级A类夜色经济体验示范街区，在福建省率先推出智慧商圈经济运行态势指挥系统，灵活调整营业时间，分时段主打不同业态，在福州市率先推出全时段运营，打造全时段、全客群、全业态的夜色经济街区，让这里成为名副其实的"潮流不夜城"。

2021年，为了进一步做好夜色经济示范街区建设提升工作，晋安区按照福州市统一部署，成立了晋安区推动夜色经济发展领导小组，由晋安区政府主要领导担任"夜色经济首席执行官"，镇街主官担任"夜间街长"，各相关区直部门作为成员单位，定期召开联席会议，谋划晋安夜间经济工作。立足晋安资源禀赋，重点打造东二环泰禾市级夜色经济体验示范街区，同时，在辖区各镇街打造多元业态和多点开花的夜间经济格局，统筹布局一批各具特色的夜色经济街区。

2021年5月20日至6月30日，福州市晋安区推出爱"尚"晋安"晋"情放"价"——2021"惠聚榕城消费季"晋安区促消费系列活动，以泰禾集团股份有限公司位于福州市晋安区的东二环泰禾广

① 《夜生活，耶！》，福州日报微信公众号，https：//mp. weixin. qq. com/s/cECaqTt4 ANmfrsu0y4R_cw，2021年5月25日。

场为主阵地，以"惠聚榕城"和夜间经济为主题开展各类主题活动。统计显示，仅2021年5月20日一天，东二环泰禾广场主要商家的客流量就实现同比增长约28.3%，销售额同比增长约10%。

泰禾集团股份有限公司把握住时机，在东二环泰禾广场室内打造主题街区——"GAI禾巷"。"GAI禾巷"在两街（鸣晨街、醉幕街）四巷（福民巷、福味巷、福茶巷、福艺巷）的设计理念里蕴含了街巷文化与市井人文，打造出"一条属于福州人的街、一条有温度的街"。为了满足消费者日益新奇的需求，"GAI禾巷"将夜间经济、传统文化、餐饮美食无缝融合，满足年轻人的国潮审美，形成了独具特色的沉浸式体验街区。

每年的7~8月，常常被认为是传统百货商场的淡季，随着2020年"夜间经济"政策的推广，全国各大商圈不断升级夜间营销活动。高温天气下，越来越多市民愿意在夜间走出家门，逛街、吃饭、购物。晋安区抓住机会，大力发展特色业态、网红经济、首店经济，东二环泰禾广场已形成"首店品牌""网红经济""最潮夜店""全时段经营"4个特色亮点，现已汇聚福州品牌首店32家，网红潮牌打卡点百余家，拥有超过300家国际国内知名品牌店、近400家各类餐饮和超过800间酒店客房。①

随着夜间经济、小店经济等相关政策陆续开放，福州市晋安区国货东路的福州天虹百货（世欧店）外广场也再一次热闹起来。福州市天虹百货有限公司王庄商场总经理李桂秋透露，2010年，因城市更新改造，存在10多年之久的王庄夜市退出时代舞台。2020年6月1日，福州天虹百货（世欧店）又一次在外广场上支起了摊、架起了

①《福州晋安：迎难而上开新局 创新发展添活力》，福州市晋安区人民政府，http：//www.fzja.gov.cn/xjwz/ztzl/fzjaggcx/202011/t20201130_3682734.htm，2020年11月30日。

灯，招呼来了一群摊主，王庄夜市得以"重现"。

李桂秋于 2021 年 4 月表示，王庄夜市为大学生提供了创业学习的平台，为宝妈们提供了就业机会，为文创青年提供了兼职增收机会，也为福州天虹百货（世欧店）吸引了客流。精致的商业与充满生活气息的美食在此交融，潮流与本土在这里和谐共生。王庄夜市开办以来，每月客流超 3 万人次，日均 1000 人次；40 个摊位，月营业额达 36 万元，日均营业额可达 1.2 万元。

融侨集团在福州闽江畔打造的福州融侨外滩壹号凭借"商业 + 艺术 + 社群"的定位突破传统商业模式瓶颈，引进澳洲高端影城寰映影城、高端红酒会所三酉、REMEROOF 酒吧、新加坡国宝级品牌珍宝海鲜 JUMBO、国际空间设计大奖——"艾特奖"入围餐厅 STARLEAF 等品牌，形成多元业态集成的"夜地标"，成为市民"打卡点"。

融侨外滩壹号地处福州滨江板块核心区，片区内居住氛围浓厚，常住人口百万，1.5 公里范围内数十个高端住宅云集，楼盘入住率超90%，拥有福州最具消费力的财智圈层，是全城高净值客群的聚集地，消费潜力巨大。依江而建的融侨外滩壹号，更是拥有四通八达的交通网络。项目周边 500 米范围内有 10 个公交站，13 条交通线路，距离地铁 2 号线金祥站仅一线之隔，以金山路网为中心枢纽，15 分钟通达全城核心区域，20 分钟抵达南/北火车站，30 分钟抵达长乐机场，① 便捷的交通也带来了人流和客流。

融侨外滩壹号持续发力"首店经济"与"夜间经济"，拥有42% 首进品牌，荟萃米其林、黑珍珠等高端餐饮，集家居时尚、精致生活配套于一体，多元融合创新、生态、艺术、科技等元素，打造泛

---

① 《福州融侨外滩壹号即将亮相　融侨商业将闪耀闽江之畔》，中国新闻网，https：//www. chinanews. com/business/2020/07 – 10/9234974. shtml，2020 年 7月 10 日。

现代艺术漫游空间，以新主张、新引力和新潮向打造精致生活，构筑圈层社交专属平台，开启全新的生活方式。据相关负责人介绍，融侨外滩壹号于2021年7月举办的"冰淇淋音乐节"，客流环比提升50%，销售环比提升40%，其业绩主要得益于夜间消费的增长。

三　2020年福州夜间经济发展强劲

2020年，新冠肺炎疫情突袭而至，对社会经济生活等方面造成了重大的影响。在此形势下，福建东百集团股份有限公司旗下东百中心携同东街口商圈强强联手，点亮东街口商圈夜间经济，逆势而上，突破困境。东百中心抢占了21场的大牌快闪店资源，囊括兰蔻、科颜氏、纪梵希、兰芝、SKII、雅诗兰黛、资生堂、CPB、迪奥、阿玛尼、YSL、NARS、植村秀等21家优质品牌资源，创销近3000万元。相关负责人表示，以话题性强、流量大的快闪店强化东百中心内容，丰富东街口商圈氛围，提升夜间经济的品质，并且以"东百中心X品牌包店"共同打造专属景观亮化IP，是东百中心在新形势下的新思路。

2020年4月，东百中心正式启动智慧零售，以科技手段打造消费选择新路径，打破时间与空间的限制，更好响应消费者全时、全域的消费需求。至2020年底，实现销售额近4200万元，访客量1131万人次；直播115场，直播总销售金额743.37万元，观看人次超25万。

2020年6月，东百中心户外广场迎来了"八一七集市"，匠人手工作品、鲜花、萌宠、陶瓷等商品收获不少粉丝青睐。相关负责人透露，一个晚上，摊主的销售额可高达3000元，为部分市民提供了优质的创业平台。

2020年7月30日，梦山路青年梦想集市开市。青年梦想集市

将集市与"大梦书屋"首店、西湖公园、熊猫世界等知名文旅品牌融合，打造年轻人喜爱的青年文化创意集市，培育摊位 100 余个。此外，鼓西街道还与青年梦想集市、福州农商银行联手打造"夜柿儿"青年梦想家摊主专享政策，为有志青年的创业梦想提供就业、创业指导及优惠扶持政策，打造吸引青年汇集、扶持青年创业的梦想基地。

寿山石摊位、福州评话演出、户外汉服秀……位于福州市鼓楼区西门善化坊的藏天园文化夜市广受福州市民及游客的喜爱。自 2020 年 7 月 31 日开街以来，藏天园文化夜市以"传承非遗文化"为主题，打造沉浸式文化新夜色名街。

福建藏天园艺术品工贸有限公司副总经理吴明介绍，此前，该公司打造的善化坊寿山石早市，每逢周六上午，以寿山石为主的地摊集市在藏天园寿山石交易市场内部和善化坊一条街南侧开市，至今已有 20 年的历史，是一个集销售、收藏、研究、推广、交流和学习于一体的专业地摊集市，也是全国最大、最早的寿山石文化地摊集市。

为了传承和发扬传统非遗文化，福建藏天园艺术品工贸有限公司结合善化坊历史背景，融合夜间经济，打造了藏天园文化夜市。2020 年 7 月 31 日，藏天园文化夜市亮相，除了展示、售卖传统工艺品之外，还设置了文创区、特色美食区、休息品鉴区、游戏区等，是福建省首个沉浸式文化体验夜市。此外，藏天园文化夜市还推出福州评话、伬唱、闽剧折子戏、皮影戏等演出，传承和弘扬福州闽都文化。

据吴明透露，夜市开办以来，在高峰时期，每天客流达数万人次，销售额近 10 万元。他表示，夜间经济是人间烟火，整合了旅游、文化、消费、体验等多种要素，既是一座现代化城市的魅力所在，也是一座城市经济格局的体现。

历史建筑是一座城市的 DNA，承载着城市的文化品位与城市记忆。保护历史建筑，就是保护一个城市的回忆。近年来，福州市台江区根据福州市委市政府工作的要求，积极部署上下杭历史文化街区修复和改造工作。2018 年 9 月，上下杭历史文化街开街，上下杭以崭新的面貌重焕生机。

上下杭历史文化街区被称为"福州传统商业博物馆"，处于福州城市的中轴线上，是闽商发祥地、海上丝绸之路的重要节点。清末民初，商贾云集，重现"百货随潮船入市，万家沽酒户垂帘"的景象。上下杭历史文化街区位于福州市台江区，紧邻苍霞闽江北岸，总用地面积为 476 亩，核心保护范围面积为 353 亩，其中文保单位 16 处，登记文物点 82 处，传统风貌建筑 314 处。截至 2021 年 6 月，上下杭历史文化街区保护修复工程累计完成 50 处登记文物点，13 处文保单位，105 处风貌建筑及约 1 万平方米的建筑更新，完工总面积约 11.15 万平方米。

打造成"国际知名、国内领先、福建第一"的福州城市新地标，是"上下杭·金银里"商业步行街力争达到的目标。为此，台江区和福州古厝保护开发集团有限公司全力推进，完成建筑立面提升，绿化景观提升，三捷河景观节点、夜景灯光、智慧系统及配套管网改造等建设项目。建成的步行街全长 250 米，总投资 1.49 亿元。

福州古厝保护开发集团有限公司相关负责人介绍，根据巷道分布和现有建筑，"上下杭·金银里"商业步行街在空间布局上分为艺术商务区、百业体验区、夜月娱乐区、国际风尚区四个区域。其中，夜月娱乐区与国际风尚区位于三捷河沿线，全长 450 米，隆平路（一期）项目全长 250 米，总建筑面积约 22 万平方米，目标是打造成夜晚休闲人群最活跃、夜间娱乐活动最丰富的夜月娱乐区，使台江老城区焕发新活力。

目前，"上下杭·金银里"商业步行街推出互动体验感强、服务

规范优质、双杭特色鲜明的六大核心夜间经济产品：夜景、夜宴、夜演、夜娱、夜购、夜宿。

夜景，即夜色时尚秀，优化夜景灯光秀。通过声、光、电、水的形式，呈现上下杭通江达海的码头文化、商贾文化、水系文化、海丝文化、民俗文化和古建文化等。2019年国庆长假期间，观赏游客近50万人次。夜演，即艺术奇妙夜。民谣、哑剧、闽剧等多种多样的表演形式走上街头。夜宴，即夜食行无界。荟萃各国知名酒餐吧、引入国内"首店"品牌及福建各地老字号品牌等。2021年1月1日至2021年7月，"上下杭·金银里"首批引进路德维希、AKB48、AMOS ANANDA等10个品牌，其中中国首店3家，福建首店6家。夜娱，即掌灯夜游园。通过各类丰富多彩的主题节事活动，释放夜间经济活力和夜色坊巷魅力。夜购，即商圈不夜城。依托上下杭商圈优势，打造"杭肆市集"夜市品牌，从生活方式视角切入、甄选、输出，多元呈现精品品牌消费市场，建立城市美学全新概念。夜宿，即坊巷夜生活。推出最具特色和风情的民宿集群，延长消费者停留时间，打造"吃、住、行、游、购、娱"的一站式夜游目的地。

隆平路则重点引进时尚复合店、互联网线上线下集合店、网红餐酒馆等头部品牌、首进系列，走在时尚前沿，三捷河则创建了时空穿梭带。同时，依托上下杭历史文化街区，借鉴国内外步行街建设的先进经验，结合夜色经济街区建设，打造夜晚休闲人群最活跃、夜间经济最繁荣的步行街区。①

目前，"上下杭·金银里"商业步行街树立品牌意识，走精品路

① 《全城期待！福州上下杭·金银里商业步行街30日开街！》，台海网，http://www.taihainet.com/news/fujian/szjj/2020-12-28/2463293.html，2020年12月28日。

线，积极引入知名酒吧、咖啡厅、音乐餐吧以及休闲服装、食品、运动等休闲载体或业态，扩大休闲空间，延长夜间营业时间，繁荣夜间休闲购物消费，并结合上下杭历史文化街区和苍霞风貌区保护性开发改造，体现"历史与现实"相融合的生活气息。

同时，"上下杭·金银里"商业步行街把夜间休闲与文化创意产业有机结合，在休闲中创业，在创业中休闲，大力引进能够反映上下杭商贸发展历史的文化产业，如沙画、陶器制作、银器制作等互动式、体验式新业态，打造出一片富有艺术气息的现代文化创意产业，为夜间消费注入新能量。

2020年12月31日晚，13个集装箱在位于福州闽侯上街镇正荣财富广场的福州高新区集体"开箱"，福州高新区"公园里·夜市"市级夜色经济体验示范街区同时开街。这个街区依托正荣财富中心，结合周边大学城学生、高新企业白领的消费需求，打造以"集装箱"为主题的商业文化公园，通过"时尚品质商圈型、文旅夜市融合型、便民服务型"夜间经济形态，进一步繁荣福州夜间经济。①

正荣财富中心随之推出一系列夜间经济新亮点。福州正荣商业管理有限公司总经理于芳介绍，在外场经营体验提升方面，该公司对周边店招进行亮化提升，对夜市摊位顶部进行镶边，凸显夜市氛围，并对周边的树木和花坛进行灯光点缀，打造夜景灯光秀；在夜间文娱生活升级方面，丰富消费者购物选择，逐渐形成线上夜市商城，拓宽夜市活动宣传途径，实现吃、行、游、购、娱一体化服务；在夜市体验更新方面，福州正荣财富中心位于福州大学城核心商圈，始终致力于为高校、福州商业圈带来新鲜、

---

① 《福州高新区：13个集装箱集体"开箱"》，台海网，http：//www.taihainet.com/news/fujian/szjj/2020－12－31/2464504.html，2020年12月31日。

创意和活力。

于芳透露,福州正荣财富中心每天18时至22时的销售额占比超过全天的一半,可以说,夜间是市民消费的"黄金时段";"80后""90后"在夜间消费中的占比高达60%。基于夜市经营状况,福州正荣财富中心打造了大学城商圈小资、文艺、体验丰富的网红夜市,夜景灯光秀、夜间系列IP活动,受到年轻消费群体的热烈欢迎。她认为,小资、文艺、体验丰富的综合性夜间消费形式应该更受福州市民喜欢。

位于闽侯县上街大学城永嘉天地市级夜色经济体验示范街区集合了步行街区、购物中心、酒店公寓、地铁商业、独栋商业、高档住宅等多元业态。2020年6月,闽侯提出,要把上街大学城永嘉天地打造成福州市最青春、最活力、最潮流、最特色的夜色经济体验示范街区,对街区重新定位,功能布局改造提升,为市民提供吃、喝、游、乐、购、知、行、美一站式服务。①

夜市带动了商业圈的活力。东百城永嘉天地携手摇滚福州音乐联盟打造了高校专用演出场地——"青春范",双方共同创立"福州高校原创音乐交流基地",并在2020年7月至12月,连续举办十余场演出。

福州市商务局相关负责人于2021年6月8日接受采访时介绍说:"我市已形成多元业态的'夜地标',市级夜色经济体验示范街区成为国内外知名品牌、网红打卡点、时尚潮牌的集聚区。"罗源县三中路打造了"百铺烟火、千米长廊"。永泰县永阳状元坊围绕"红色传统、绿色生态、金色农耕、古色特产"等县域特色,发展夜间经济。品牌集聚方面,鼓楼区三坊七巷集聚商业品

---

① 《福建闽侯市级夜色经济体验示范街区开街》,中新网福建,http://www.fj.chinanews.com/news/2020/2020-12-31/478630.html,2020年12月31日。

牌超过1100个，其中首店品牌超过200个；台江区"上下杭·金银里"商业步行街吸引了20多家餐吧酒馆、新零售、饮品类品牌首店进驻。①

夜间经济丰富着中国城市的夜生活，拉动城市经济不断向前，同时，夜间经济也成为推动城市品质建设和促进居民消费升级进程中的重要抓手。2020年底，福州市15个市级夜色经济体验示范街区全部开街，食、游、购、娱、体、展、演等多元化夜间消费市场正在努力构建中，丰富了人民群众夜间生活的同时，也进一步提升了城市活力。

根据阿里巴巴本地生活"饿了么"数据显示，福州市夜间订单量居全国前列，夜间整体消费量居福建省第一。18时至21时，为消费者聚餐、夜游、运动健身、购物、图书阅览的高峰期；21时至23时，为观看电影及文艺演出、KTV、棋牌、保健等休闲娱乐活动高峰期；23时至凌晨5时，是酒吧、音乐俱乐部、夜宵等消费高峰期。"80后""90后""00后"成为夜间消费的主力军。

福州市多措并举推进夜色经济街区建设，并取得了明显成效。由中国旅游研究院等主办的2019中国夜间经济论坛发布了《2019中国夜间经济发展报告》，福州入选"夜间经济十佳城市"。

2020年10月24日，2020中国夜间经济论坛举行，中国旅游研究院发布了"2020夜间经济二十强城市"名单，②福州市跻身其中（见表2）。这是福州市又一次在夜间经济方面获得荣誉。

---

① 《福州市级夜色经济体验示范街区考评结果出炉》，福州新闻网，http：//news.fznews.com.cn/dsxw/20210608/60bf8b3834aea.shtml，2021年6月8日。
② 《2020中国夜间经济二十强城市名单：哪些城市入选？（附完整名单）》，东方财富网百度百家号，https：//baijiahao.baidu.com/s？id＝1681607836635889586，2020年10月26日。

表2　2020 中国夜间经济二十强城市

序号	城市	序号	城市
1	北京	11	西安
2	上海	12	苏州
3	成都	13	青岛
4	广州	14	福州
5	杭州	15	贵阳
6	重庆	16	郑州
7	深圳	17	宁波
8	长沙	18	佛山
9	南京	19	厦门
10	昆明	20	无锡

资料来源：中商情报网。

B.7
中国（福州）国际渔业
博览会发展报告

摘　要：　渔业是福州的支柱性产业，渔博会是福州渔业对外的
　　　　　重要窗口，是福州不可或缺的一张名片。良好的自然地
　　　　　理优势，悠久的海洋开发历史和厚重的海洋文化积淀，
　　　　　造就了福州渔博会的卓越与专业，在市场化的不断推
　　　　　进下，福州渔博会经过十几年的摸索，成为全球第三、
　　　　　全国第二的国际性专业渔业展会。2020年，受新冠肺炎
　　　　　疫情的影响，渔业展会面临延期、取消等各种问题，福
　　　　　州渔博会积极配合常态化疫情防控新形势，创新办展
　　　　　模式，推出线上＋线下＋直播三线融合的展会模式，成
　　　　　功打造2020年全球首场高质量、高标准的全产业链渔业
　　　　　专业展会。"转危为机""勇于创新"，2020年福州渔
　　　　　博会的顺利开展为福州会展业线上线下融合发展提供
　　　　　了典型示范，也为福州海洋产业的数字化道路建立新
　　　　　的愿景。

关键词：　渔业博览会　双线会展模式　福州　产业数字化

---

* 林春虹，文学博士，福建商学院副教授，研究领域为福建文学与文化、闽商文化。

一 历届福州渔业博览会回溯

福建省地处中国东南沿海，是我国重要的海洋大省，海岸线总长3752公里，位居全国第二。海域面积13.6万平方公里，大于陆域面积，浅海、滩涂面积145万公顷，形成大小港湾125处，6处天然深水良港，面积大于500平方米岛屿1546个。福建省内陆江河纵横交错，水库池塘遍布全省。福建自古就有"兴渔盐之利"的传统，水产品贸易在对外经济贸易中占有举足轻重的地位，水产总产量名列全国第三，约占世界水产总量的5.5%，人均产量位居全国第一。据统计，2009年福建省渔业经济总产值为1194.85亿元，比增4.14%，占全省GDP的5.2%；渔民人均年收入8291元，比增6.86%，比全省农民人均年收入高出1611元；① 水产品总产量569.67万吨，② 比增2.79%。2019年福州市渔业经济总产值517亿元，占全省渔业经济总产值的43%；水产品总量169万吨，占全省水产品总量的30%；渔业产品产值217亿元，占全省水产品产值的38%；水产品总量和总产值均列全省设区市首位；渔业多项指标名列全省乃至全国前列。③

依托得天独厚的水产资源优势，福建省的渔业博览会孕育而生。自2006年至2008年在厦门举办完成最初三届之后，2009年9月18~21日，第四届国际渔业博览会首次在福州举办，初期名称定为"海峡（福州）渔业博览会"（以下简称"福州渔博会"）。这是福

---

① 张雅芝：《福建省海洋渔业资源学科的现状及展望》，《福建水产》2011年第3期。

② 《2009年水产品总产量》，福建省海洋与渔业局网站，https：//hyyyj. fujian. gov. cn/xxgk/tjxx/201007/t20100721_2148184. htm，2010年7月21日。

③ 渔业周、渔博会组委会：《2010海峡（福州）渔业周 第五届海峡（福州）渔业博览会有关情况介绍》，2010年9月，未刊稿。

州积极把握两岸合作与发展新的历史机遇，在 2009 年国务院新发布《关于支持福建省加快建设海峡西岸经济区的若干意见》的形势下，首次举办的大型渔业博览会。福州渔博会以海峡两岸渔业交流为特色，其目的是加快建设海峡西岸经济区、构筑两岸交流合作前沿平台。2009 年的福州渔博会与首届福州渔业周同期举行，此后的每一届始终同步举办。该年博览会组织标准展位 370 多个，超过前三届在厦门市举办时的 1/3 以上，吸引了 200 多家国内外企业、1000 多位客商参展，参观人数超过 8 万人次，现场展销额 1000 多万元，参展和采购客商签约贸易订单达 8 亿元，是当年福建省举办的规模最大的一次两岸渔业经贸、文化交流活动。

为了进一步突出两岸渔业合作与交流的会展主题，2010 年 3 月和 5 月，福州市人民政府和福建省海洋与渔业厅先后组团专程到台湾拜访渔业界领军人士，召开海峡渔业经贸交流座谈会，大力推介渔业周、渔博会活动，为台湾渔业协会等单位参与活动协办并组团来榕参展打下坚实基础。2010 年 9 月 12 日，《海峡两岸经济合作框架协议》正式生效；同年，国务院把福建省列入全国海洋经济强省试点。2010 年福建省水产品产量 587.42 万吨，居山东、广东之后的第三位，水产品人均拥有量 170 公斤，居全国第一位，这一产业优势为渔博会的可持续发展打下良好基础。2010 年福州渔博会于 9 月 28～30 日举行，主题为"鱼跃海峡　合作双赢"。从 2010 年起，渔业周、渔博会活动升级为由农业部和福建省人民政府共同主办，福州市人民政府、省海洋与渔业厅、省人民政府台湾事务办公室共同承办。协办单位新加入了台湾水产协会、台湾两岸农渔业交流发展投资协会、台湾地区渔会、上海（福建）水产商会等。2010 年渔博会设立标准展位 510 个，成为南方地区最大的渔业博览会，两岸渔业交流与合作进一步深化。

2010 年总建筑面积约 38 万平方米的福州海峡国际会展中心竣工。这是国内唯一坐落于自贸区内的大型会展中心，其投入使用为福

州渔博会带来了新的发展空间。2011 年 9 月举行的海峡（福州）渔业周·第六届海峡（福州）渔业博览会，主会场便从之前的市中心转为离中心城区较远的海峡国际会展中心，并分别在连江、马尾增设分会场，即马尾海峡水产品交易会、连江鲍鱼节，形成了"主会场 + 分会场"活动模式，新增了全国"十一五"渔业科技创新成果展示与交流活动等项目，设立标准展位达 1148 个，规模在国内仅次于青岛渔博会。活动仍紧紧围绕"海峡"特色，突出两岸渔业交流合作工作重心，并且首次实现台湾水产品直销大陆。

2012 年福州渔博会于 2012 年 9 月 15～17 日举行。这届渔博会突出国际化、提升海峡化，举行中国－东盟渔业投资与贸易洽谈会，推动远洋渔业走向世界；并举办福州首届国际金鱼大赛，渔博会在福州海峡国际会展中心 1～4 号馆举办，展示面积达 4 万平方米，境外参展商约占总参展商的 27%，签约金额总计达 102.7 亿元人民币，首次突破百亿元大关。

2013 年福州渔博会于 2013 年 9 月 13～16 日举行。展示面积 4.6 万平方米，布设商业展位 1100 个，其中境外国家和地区商业展位达 460 个，占商业展位的 42%。现场展销、交易、签约金额达 183.6 亿元。2013 年渔博会在展会组织、展区规划、展会管理等方面做了相应改革与创新，推动展会朝"国际化、专业化、市场化"方向发展，实现从"以展为主"向"展销结合"转变；按照"政府主办指导、市场化运作执行"的办会模式，尝试市场化管理和服务的办会机制，积极开发利用展会商业资源，节省财政开支，推动"以会养会"；同时，加强国内品牌企业的招商招展力度，近百家大型央企、上市公司、国家及省区市龙头企业参加展会。

2014 年"海峡（福州）渔业周·海峡（福州）渔业博览会"更名为"海峡（福州）渔业周·中国（福州）国际渔业博览会"，经福州市人民政府审定，从 2014 年至 2023 年，渔业周·渔博会委托福建荟源国际展览有限公司为承办执行单位，开始探索展会市场化运作。2014年福州渔博会更强调互动平台体系的构建，即实施从原有的展销零售展（B2C）的展会定位转向为贸易和零售并举（B2B和B2C）的展会定位方案，使展会朝"市场化、产业化、国际化、法制化、品牌化"方向发展，着力在引入市场化运作机制、扩大国际化、提升海峡化等方面进行改革和创新。

2015年福州渔博会重点推动福州与"海丝"沿线国家、地区和城市的交流合作，邀请"一带一路"沿线的一些渔业国家和地区组团来福州参展，并且新设置友好城市、中非联盟等特色展区；同时，海峡特色、品牌化水平进一步提升，"北有青岛、南有福州"的渔业品牌展会格局初步形成。

2016年福州渔博会在国际化、海峡化方面进一步深化合作，融入国家"一带一路"和"海丝"战略，设置"海丝"专馆，邀请"一带一路"沿线国家渔业官员、驻华使领馆到会参展推介；台湾展区面积突破6000平方米，台湾最大的渔业行业协会——台湾省渔会首次组团参展，台湾馆首次增设"马祖馆"，展示马祖旅游风光和渔业特色产品。

2017年福州渔博会继续走国际化、专业化、品牌化、市场化道路，坚持"渔业平台成就渔业品牌"的办会思路，坚持政府推动和市场运作相结合的模式，不断提升品牌国际知名度。更近一步，福州渔博会引入亚太水产养殖展同期举办，填补养殖产业的空白，促使福州渔博会发展成为全国唯一涵盖渔业全产业链的专业顶级展会；精选参展企业、优化参展商品、细分展品分类，突出名牌优质产品和高新技术展示；邀请"广交会"展览服务团队加盟，提高布展及展务服务水平；在设立"专业买家日"基础上，尝试"动静分离"的展区布局模式，将贸易交易展区与大众消费展区分馆设置，营造良好的贸易洽谈、招商引资和交流合作氛围。

　　2018 年福州渔博会进一步探索福州渔业建设成果展示及品牌宣传推广的新模式，设置"海上福州"主题展区（由渔业周活动主导），彰显区域品牌特色。坚持市场化办展，精准对接展商与采购商需求，创新招商理念和模式，通过对市场需求大数据分析，实施采购商、交易商激励计划，精准邀请、精准营销；依托渔博会"官网""官微"等线上平台，搭建渔博会网上展馆，为供需双方提供更加精准市场信息对接；通过与中国海峡人才市场的合作，首次设置海洋与渔业人才与文化馆，搭建海洋与渔业招才引智平台。

　　2019 年福州渔博会首次实现全馆纯商业化招展，全面实施市场化改革，由福建荟源国际展览有限公司与中国渔业协会合作主办，成为全国首个获得商务部批准的国家级渔业专业展会，也是福建省首个经商务部批准的国际性专业展会。

　　回顾 2009 年至 2019 年共 11 届的福州渔博会发展历程，福州渔博会成为全球第三、全国第二的专业渔业展会，"北有青岛、南有福州"的格局基本形成，并成为福州渔业对外交流合作的重要平台。福州渔业周始终与渔博会同期举办，使福州渔业的发展成就得到各级政府和部门的认可，推动渔业产业和区域品牌影响力不断提升。福州先后获得"中国纯天然远洋捕捞产品产销基地""中国鱼丸之都""中国鳗鲡之都""中国金鱼之都""中国海洋美食之都""中国海带之都"等称号，成为福州的一张张名片。同时，渔博会带动了福州酒店、餐饮、交通运输、旅游娱乐、金融、通讯、零售、广告装潢等众多服务行业的共同发展。经过 11 年的培育和摸索，福州渔博会从海峡渔博会发展到国际渔博会，从 370 个标准展位发展到 1870 个标准展位，从政府展转型为商业展，从水产加工品展发展成为全国唯一一个包含养殖、加工、捕捞、机械设备、休闲渔业等渔业全产业链的展会，福州渔博会可持续、健康发展的展销生态日趋成熟，渔业上下游产业链基本连通。福州渔博会每年吸引 30 多个国家和地区的上万名渔业相关人士齐聚福州，也推动了福州与"海丝"沿线国家、地区的交流合作、互利共赢。

二 2020年福州渔博会概况

2020 中国（福州）国际渔业博览会于 2020 年 9 月 4 ~ 6 日在福州举行，福州渔业周继续同期举办。这届活动秉承"立足海西、连接两岸、服务全国、面向世界"的办展理念，积极融入"海丝"核心区、"三个福州"和国家海洋经济发展示范区建设，在集中展示福建省、福州市现代渔业发展成就的基础上，大力推动海洋渔业在更高层次、更广范围、更多领域中开展交流合作。

2020 年是福州推动渔博会市场化改革的第二年，渔博会继续由福建荟源国际展览有限公司与中国渔业协会合作主办。展会规模 4.6 万平方米，设置 1725 个展位，共吸引来自 15 个省份的 323 家企业参展，省外展商占比达 40.6%，现场零售额 7113 万元，经贸配对额 5.3 亿元，采购商人数达到 8000 人，是 2020 年举办的全球规模最大的渔业专业展会。本届渔博会展品覆盖了整个水产行业及周边产业链，从各类鲜活水产品、冷冻水产品、水产干货、海鲜食材、鱼糜鱼浆制品、海鲜调味品，再到养殖技术、水产加工、包装、保鲜技术及远洋捕捞等相关设备，设置海鲜食材展区、水产养殖设备展区、水产加工展区、渔业机械设备展区、远洋渔业纯天然产品展区、福州自贸片区展区、福州金鱼及休闲海洋渔业展区等八大展区，是疫情发生后，国内首场高质量、高标准的全产业链渔业专业展会。特别是受新冠肺炎疫情影响，国内多家知名大型外贸水产出口企业首次参展，展品内涵更加丰富、精细化程度进一步提升。展会期间，主办方按照批准的《疫情防控联防联控工作方案》，严格落实进出馆人员八闽健康码识别及体温检测、进口企业产品核酸检测报告检查、展馆每日消毒

等疫情防控措施，全力阻断疫情传播的可能，确保展会顺利举办。①

2020年是特殊的一年，福州渔博会与福州渔业周活动积极应对疫情影响，努力化危为机，呈现出以下几个亮点。

（一）千方百计克服疫情难题，助力企业走出困境

渔业周·渔博会以帮助参展企业拓展市场为重点，搭建渔博会"云展会"平台，设立渔博会专属水产直播基地，打造全国唯一的"线上＋线下＋直播基地"三线融合的专业展会。渔博会"云展会"平台通过"云展示""云对接""云交易""云赋能"四大板块，全面实现参展企业与境内外采购商全年无休地开展线上商贸对接、数据精准收录和供需智能匹配。"云展会"平台吸引了350多家展商上线，平台注册采购商超2万人，经后台发起沟通的采购商人数达到3500多人，实现成交意向配对1200多家。渔博会专属水产直播基地通过对参展企业进行新零售营销模式培训和实操指导，助力企业转变传统营销模式，精准对接、快速融入新零售时代。经统计，水产直播基地吸引了30多家企业入驻，开展直播近百场，开设线下培训4场，参与线下培训的人员超400人，线上培训2场，观看量超10万人次。

（二）创新品牌宣传模式，提升区域品牌效益

通过对展示模式、渠道和载体的不断探索和创新，福建、福州的区域品牌特色及品牌效应不断凸显。本届在继续举办"中国（福州）世界金鱼大赛""金鱼文化节""鱼丸节""鲍鱼节""海带节"等品牌活动的基础上，还依托淘宝、抖音等热门直播平台及福州渔博会线上商城，举办首届"福渔优品"云购节、自贸好料联播节等活动。

---

① 《福州市海洋与渔业局关于2020海峡（福州）渔业周·中国（福州）国际渔业博览会活动情况的报告》，未刊稿。

线上购物活动邀请专业主播团队，优选福州龙头企业、重点企业及福州渔业品牌代表产品，以直播带货、实时走播、网红选品等形式，打破时间、空间、形式上的制约，直面消费者，全面对外展示"福渔"品牌风采，广泛提升"福渔"品牌影响力和知名度。活动共吸引线上观看数量达 1000 万人次，为超过 50 家企业的上百件产品带货，全场线上发起交易次数近 50 万次。

（三）积极对接国家战略，开展务实交流合作

2020 年福州渔业周·渔博会主动对接乡村振兴、两岸融合发展等国家重大战略，注重促成海洋经济大项目、好项目对接落地，突出对外交流合作实效。一是在重点项目签约上，共签约海洋与渔业重点项目 12 个，总金额超 237 亿元，充分展现海洋与渔业系统抓项目促跨越的成果成效和工作实绩。二是中国渔业协会继续与福建省、福州市海洋与渔业局共同主办"第二届中国渔业渔村发展振兴论坛"，成为中国渔业首个大型多地交互式云论坛，同时设置福州主会场和湖北荆州、浙江杭州两个分会场，近 4 小时直播观看人次超过 152 万，总话题阅读量超过 2600 万次。三是邀请两岸休闲渔业专家学者及业界人士以视频连线的方式共同参与举办"第二届闽台渔业交流研讨会"，克服疫情困难、延续两岸交流，凸显海峡特色。

三　渔博会新营销模式及其意义

经过多年培育和摸索，福州渔博会发展成为全国唯一一个渔业全产业链展会，是全国乃至全球的采购商、参展商、商协会、专家学者一年一度进行面对面交流，共享商机的欢聚盛宴。但会展业受外在环境、经济形势等不确定因素的影响较大，存在一定的敏感性特征。因 2020 年新冠肺炎疫情影响，全世界各地各类展会纷纷延期或不得不

取消。会展业本是十分依赖人员往来、物流运输、聚集效应的经济产业，其所受打击之重是之前未曾经历的。为此，商务部办公厅于2020年4月13日发布了《关于创新展会服务模式　培育展览业发展新动能有关工作的通知》，其目的就在于积极引导企业转变思路，实施线上办展及线上参展的新举措，支持会展服务业开发线上展会的新平台，采取线上线下相结合的新办展模式，加大力度培育线上线下融合办展的龙头企业与品牌展会。推动展会的业态创新，使用5G、大数据、VR/AR等新信息技术，举行"云展览"，实施"云展示""云洽谈""云对接""云签约"，持续推进传统展会项目的数字化转型，充分利用现有展会资源，实现网上展会集群，支持政府主办的传统展会完成线上线下模式改革，创新展会服务方式，鼓励专业展会主办机构探索线上线下相结合的展览模式，使线下品牌展会项目转变思路，实现线上展览、线上线下融合办展的新模式改革。① 为克服新冠肺炎疫情带来的不利影响，2020年福州渔博会提前筹划，在构建长效展销机制方面进行积极探索，首次尝试突破传统营销模式，运用"互联网＋"思维，融入新零售模式、AI大数据算法等前沿技术手段，以"突破传统，新零售赋能"为核心主题，打破"3天参展"，实现"全年服务"，推动水产行业颠覆传统、转变营销模式，助力当前水产企业破局转型。同时，线下展会继续推进，线上展会持续展开，双线并行的新型展会模式，为我国传统水产产业转型升级、产业拉动以及促进消费提供了有力的帮助。本届新营销模式主要包含以下两种。

第一，利用线上的大数据与客商的资源优势，通过"线上＋线下"的深度融合，把地理上分散的参展企业和消费群体紧密地连接

---

① 《商务部办公厅关于创新展会服务模式　培育展览业发展新动能有关工作的通知》，商务部网站，http://www.mofcom.gov.cn/article/jiguanzx/202004/20200402955431.shtml，2020年4月15日。

在一起，打通企业与消费者的"最后一公里"，积极转型开发线上会展，最终成功启动线上渔博会"云展会"的开发运营，实现了"365天不落幕展览"的愿景。福州渔博会线上展会主要功能分为"云展示""云对接""云交易""云赋能"四大板块，涵盖线上商贸对接、系统智能匹配、数据精准收录等"互联网＋"前沿技术，为企业提供多维展示、智能商贸对接、数据更新触达等更高效、更便捷、更安全的线上展会全方位功能。不同于一般线上展会的平台功能，福州渔博会"云展会"致力于为企业提供综合营销解决方案。在"3天参展"的基础之外，为企业提供全年、全方位、全渠道、全链条的综合营销问题解决方案，弥补线下展会之外的服务空当。通过"云展会"平台实时实现与企业的交流咨询，提供产品内容的长期运营服务及精准投放曝光服务，为企业实现引流——吸客——咨询——留客——成单的全交易链。通过福州"云展会"的统一部署与整体运营，降低线上品牌推广费用，将宣传效果最大程度转化，同时获得新零售渠道的各类创新与助力。

第二，开设线下水产直播基地，解决企业如何进入和启动各类电商直播平台的根本问题，提供全面、细致的营销解决方案。结合双线会展的营销场景概念，直播基地的建设辐射福州本地及福建地区，为水产行业注入新的活力，开拓新的渠道，成为线下会展、线上平台、实体门店之后的又一新型营销场所，多点开花促进企业实现多元营销。水产直播基地落地福州软件园，特邀中国电商之都——杭州电商行业知名企业入驻指导并达成战略合作，带来电商运营、企业电商战略布局等新的思维指导与培训，为企业提供新零售营销综合解决方案。通过直播基地，集红人IP塑造营、红人商学院、设计师众创空间、超级供应链、新媒体矩阵、商城联盟、联合办公空间等多版块于一体，发挥企业资源、平台资源、品牌资源，以及强劲的传播力、影响力、公信力优势，依托福州得天独厚的地理区位优势、政通惠民的

政策扶持优势，以及快人一步的科技创新、数字经济先发优势，加快提升基地的社会知名度、行业集聚度。通过"政府引导、社会运营、平台参与、一站服务"，大力支持以数字技术为核心的全链路、全息型新经济业态。同时，为了更好配合水产行业及相关产业不断创新发展，直播基地同样提供了云展会/云对接策划运营、电商海外精准选品、跨境电商精准匹配、品牌营销渠道全面升级、县域经济落地方案解决、新零售营销服务培训、产业直播基地联盟运营等七大项目的升级服务。

新冠肺炎疫情发生后，全国渔业企业的生产、流通及销售受到很大冲击，特别是出口贸易面临着前所未有的困难，企业通过展会拓展新渠道、新市场的意愿十分迫切。国内一些地区和境外人员不能来榕参会参展，但是依然可以通过"云展会"平台、直播平台、论坛等实现线上互动，打破时空限制，实时参与渔业周·渔博会，进行洽谈交易、对接交流、信息共享。

2020年渔博会的新探索为未来福州打造数字化、国际化专业展会做出了典型示范。会展业具有反映各国经济发展的风向标作用，其数字化发展具有重要的现实意义。传统会展业主要是人流、物流、信息流高度聚集的线下产业，各环节皆依赖面对面的互动。近年来，我国的会展业总体呈现出规模化发展趋势，会展业与资本市场日益紧密结合，产业结构与地域布局不断优化，经济发展的服务开放意识不断强化。会展行业的发展也应与时俱进，主动适应新信息时代，了解新政策新环境，掌握新技术，加深数字化程度，使会展业呈现数字化、智能化发展态势，其重要意义体现在以下几个方面。

（一）会展业的数字化发展有助于推动会展业的转型升级，促进会展经济与数字经济的融合

数字经济是继农业经济、工业经济后兴起的新经济发展形态。近

年来，随着大数据、物联网、5G、人工智能等数字化技术的广泛应用，各类产业争先与数字经济进行协同发展和转型升级。2019年习近平总书记在给中国国际数字经济博览会的贺信中指出，"当今世界，科技革命和产业变革日新月异，数字经济蓬勃发展，深刻改变着人类生产生活方式，对各国经济社会发展、全球治理体系、人类文明进程影响深远。""中国高度重视发展数字经济，在创新、协调、绿色、开放、共享的新发展理念指引下，中国正积极推进数字产业化、产业数字化，引导数字经济和实体经济深度融合，推动经济高质量发展。"①

国家发展改革委、中央网信办于2020年4月10日发布《关于推进"上云用数赋智"行动 培育新经济发展实施方案》，旨在大力发挥技术创新等的抗击疫情作用，不断推动产业数字化转型。方案拟出了主要发展方向，如构建多层联动的产业互联网平台、建立数字化经济生态、强化数字化转型服务等。在当前数字经济发展新形势的带动下，一些传统产业开始探索转型发展，努力实现产业与数字经济的融合，不断促进产业高质量发展。

传统的会展产业同样受到新形势的挑战，中国国际贸易促进协会（CCPIT）公布《中国展览经济发展报告2017》的统计数据显示，中国会展展馆虽然数量不断增加，展会面积也逐年加大，但会展展馆的利用率却呈现下降趋势，这就造成会展展馆的资源浪费现象。目前的消费群体具有年轻化的特征，传统会展业的经营模式已显得滞后，而2020年的新冠肺炎疫情则让这一困境更加突出。传统会展业与数字经济的融合发展，是大势所趋，也是其转型升级的重要途径。

---

① 《习近平向2019中国国际数字经济博览会致贺信》，新华网，http://www.xinhuanet.com/politics/leaders/2019－10/11/c_ 1125091565.htm，2019年10月11日。

（二）会展业的数字化发展有利于增强市场抗风险能力，降低运营成本

会展业作为一个信息、交流十分集中的服务业，正面临互联网时代带来的巨大冲击与挑战，各展览活动与电子商务、网络虚拟经济越来越趋向互动与融合发展。在借助互联网实现低成本市场调查、宣传推广、在线招展、吸引大众等方面，会展业的数字化发展也将使之更加适应数字经济时代的大环境。同时，会展业十分容易受客观环境、市场变化等外在因素的影响，涉及水产品、海鲜产品的渔博会尤其如此，展会会期的取消或改变对展会组织者、场馆经营者都会造成损失。通过线上预展、云上办展等新模式，则能极大提高办展的效率，降低组展、参展的成本。线上线下相结合的双线会展模式避免了传统展会片面追求规模效应所带来的巨大人力、物力和财力浪费；同时，线上展会模式也能大大拉平不同城市之间的会展设施配套和经济实力差距，从而推动"绿色会展"的普及应用。通过数字化发展促进先进管理信息技术的运用，规范经营行为与展览活动，从而使管理服务、信息收集与整理、数字统计与归纳等各项工作的自动化程度得到提升，最终使会展业的运营与管理效率得到提高。

（三）会展业的数字化发展有助于会展业快速进入各形态市场，加强与国际会展行业的合作交流

为解决疫情期间企业生产与营销难题，尤其是解决外贸企业的困境，福建省委办公厅、省政府办公厅于 2020 年 4 月发布了《关于全面落实稳外贸稳外资促消费，有力推进高质量发展的若干措施》相关文件，对外贸全链条发展的优化、多元化招商的推动、高质量发展载体平台的构建等方面做出引导，对畅通供给链、拓展需求链等方面提出若干措施，其中开展线上线下相结合的经贸对接就是重要的一条。具体包括支持相关企业构建跨境电商平台，开拓进出口业务的新模式，面对不同国家地区，采用不同方式进行线上线下经贸对接；支持相关企业充分运用新技术，开发电商平台、"云展会"、社交媒介、App等，建设1233国际供应链平台，以精准拓展国际市场；不断探索大数据招商，开展委托招商，推进"网上投洽会"建设；加强与国内知名展会公司的沟通合作，以开设数字展览、线上福建专区等形式，不断推动洽谈交易的线上模式转化；支持打造线上消费平台等。① 在政策引导下，晋江家博会、晋江鞋（体）博会、福州渔博会等纷纷举办了线上展会，充分利用数据能力，对企业开拓市场发挥了重要作用。"云会展"技术有效促进了各企业复工复产，在产品交换与产品流通等方面发挥了重要作用。"云会展"已成为会展业的新商业模式，对传统展会产生了较大的影响，对承办方的宣传与招展、管理与策划、活动运行与服务等方面具有一定的革新意义。2020年就有不少会展企业采纳了"云会展"新模式。在会展数字化的发展趋势下，会展业的开放程度进一步加大，得以面向全世界进行，只要网络畅通，全球各地都能得到网上展览信息，会展业的国际竞争将成为未来的新形势。

四　福州渔博会未来发展前瞻

福州是海峡西岸经济区的政治、经济、文化中心，是海峡两岸的交流前沿，具有开展对台合作"先行先试"的前沿阵地作用，中央及省级政府给予福州各项配套优惠政策，而福州对台区位交通及榕台"五缘"关系的天然基础，使福州渔博会具备了"海峡"特色会展的

---

① 《稳外贸稳外资促消费，福建再出"加强版"》，福建省人民政府网，http：//www.fujian.gov.cn/xwdt/fjyw/202004/t20200403_5228314.htm，2020年4月3日。

优势。福州市于2018年11月获国家发改委和自然资源部批准，已成为中国14个海洋经济发展示范区中的唯一省会城市，也是福州"五区叠加"基础上的"第六区"。福州市于2019年6月5日召开了产业发展促进大会，重点发布"1+3+7"政策文件以促进产业发展。所谓"1+3+7"政策就是《关于加快福州市产业发展的工作意见》与"数字福州""海上福州""平台福州"等3项《行动方案》，另有财政支持、用地保障、园区建设、产业招商、项目服务、企业培育、协调机制7份配套文件，要在做大做强做优传统产业的基础上，推动"三个福州"行动方案实施，融合传统产业、实体经济与新兴产业。其中"数字福州"主要是培育产业发展的新动能，"海上福州"主要是拓展产业发展的新空间，"平台福州"主要是构建产业发展的新模式。福州与世界上40多个国家和地区有密切联系，是"21世纪海上丝绸之路"的战略枢纽城市，海洋经济总产值已近3000亿元。[1] 福州不断完善产业结构，其国内生产总值中的第三产业占比不断加大，三大产业结构布局也不断优化，这为作为第三产业代表的会展业奠定了良好的社会地位，福州将朝着全面迈向国际化、基本建成社会主义现代化国际城市的目标发展。福州渔博会顺应历史机遇而取得较大成绩，并能在特殊的2020年脱颖而出，其成功举办也为其未来发展绘出新的愿景。

（一）福州渔博会的未来发展更要注重创新能力，不断进行自我完善与改进，提升自身的应变能力，确保持续稳定发展

首先，应加快科技创新步伐，深入了解人工智能、量子信息技

---

① 《"三个福州"谋定主方向 数字+海上+平台共促经济增长》，新浪网，https：//baijiahao. baidu. com/s？ id = 1697785005656200558&wfr = spider&for = pc，2021年4月23日。

154

术、大数据技术等新一代信息技术和先进材料技术、传感技术、纳米技术等。依靠科技进步和创新，向数字化、智能化、信息化转型发展，不断破除阻碍渔博会发展的科技瓶颈，加强渔博会科技创新的全球性合作，做大做强数字渔博会经济。其次，渔博会的数字化升级将成为进出口海洋经济贸易的"晴雨表"和"风向标"，线上线下结合的新型会展形式将助力海洋经济贸易发展的转型升级。最后，渔博会要注重创新线下活动形式，借助现代互联网技术，在现场短时间形成小规模聚集，提升现场的沟通效率；着力在活动现场仪式感的营造方面下功夫，提升参与者专属贵宾体验，使渔博会具有展览交易与品牌体验双重作用。

（二）福州渔博会要不断开拓会展服务模式，为全年无休开展线上商贸对接、数据精准收录和供需智能匹配提供优质服务

加强会展活动前与活动结束后的客户关系维护，收集并整理活动期间形成的数据，为客户提供增值服务；现场交流互动、体验感受可以通过文字、照片或视频进行二次传播；在会展活动后继续为客户提供多项服务，如协助客户进行信息发布、安排接洽等工作，使渔博会的活动空间和交流空间得以延伸，为客户提供全方位平台、提供全程服务。渔博会的发展应适应新服务模式，增强以客户体验为中心的会展服务理念。确立福建荟源国际展览有限公司的企业龙头地位，使之能对福州渔博会的宣传与承办发挥引领作用，在人才培养、科研服务等方面推进福州渔博会高质量发展。

（三）福州渔博会的区域特色要持续保持，品牌地位要巩固提升，并加强国际营销推广和知识产权保护力度，坚持专业化、国际化、海峡化、市场化和品牌化的发展方向

渔博会具有优化渔业产业结构并带动海洋经济增长的特点，未来

仍应依托"一带一路"经济政策，秉承开放、包容的合作精神，实现真正的"引进来，走出去"，打破渔博会贸易壁垒，拓宽渔博会市场空间，优化渔博会市场结构。渔博会要更加融入数字福州建设大局，建成福州"智慧渔业会展平台"。建设国际渔业合作交流平台，推动"渔旅融合""丝路海运"等领域创新数据资源利用模式。开发并整合福州海洋文化资源，凸显福州海洋渔业历史文化特色，创新海洋渔业文化会展宣传方式，打造福州海洋渔业文化会展品牌，使海洋渔业文化与闽都文化有机糅合，带动"海上福州"历史文化的传承与创新。

附　　录

B.8
2020年闽商大事记

*洪冷冷**

一　企业上市

　　1月17日　厦门特宝生物工程股份有限公司（以下简称"特宝生物"，证券代码：688278）正式登陆科创板，这是2020年福建第一家A股上市企业、厦门的科创板第一股，也是2020年首家登陆科创板的生物医药企业。

　　2月7日　福州瑞芯微电子股份有限公司（以下简称"瑞芯微"，证券代码：603893）在上交所上市。瑞芯微总部位于福建省福州市，是一家集成电路设计企业向高性能领域拓展企业，先后推出一系列中

---

　　*　洪冷冷，福建省闽商文化发展基金会。

高端芯片。目前，公司芯片产品主要包括消费电子和智能物联应用处理器 SoC 芯片及电源管理芯片。

2 月 11 日　福建赛特新材股份有限公司（以下简称"赛特新材"，证券代码：688398）在上海证券交易所五楼交易大厅正式挂牌上市交易。这是福建省第四家、龙岩市第二家、连城县首家在科创板上市的公司。赛特新材位于连城工业园区，公司成立于 2007 年 10 月，是一家研发、生产、销售真空绝热板的国家火炬计划重点高新技术企业，是业内少数具备真空绝热板芯材生产、阻隔膜复合及制袋、吸附剂生产、真空封装以及产品性能检测等一体化生产能力，掌握真空绝热板完整生产链条的企业。

4 月 20 日　冠城大通（600067）发布公告，拟将其所属子公司大通（福建）新材料股份有限公司分拆至上海证券交易所主板上市。此次计划分拆至上交所主板上市的大通新材是冠城大通主要从事电磁线研发、生产和销售业务的子公司。

6 月 3 日　海纳智能装备国际控股有限公司（以下简称"海纳智能"，证券代码：01645.HK）在香港联交所上市，成为首家登陆港交所的口罩概念股。成立于 2011 年的海纳智能是国内设计及生产制造一次性卫生用品（包括婴儿纸尿裤、成人纸尿裤及女性卫生巾等）自动化机器的制造商。

7 月 13 日　福建恒盛动漫文化传播有限公司（上市名称：易和国际控股有限公司，以下简称"易和国际"，证券代码：08659.HK）在香港联交所上市，这是 2020 年晋江第二家上市公司。易和国际主业为设计、开发、生产及销售一次性塑料快餐盒。

7 月 30 日　厦门建霖健康家居股份有限公司（以下简称"建霖家居"，证券代码：603408）在上交所上市，成为 2020 年首家在大陆上市的台资企业。建霖家居成立于 1990 年，主营业务为厨卫产品、净水产品和其他产品的研发、设计、生产和销售。

7月30日　厦门力鼎光电股份有限公司（以下简称"力鼎光电"，证券代码：605118）在上交所上市。公司前身厦门力鼎光电技术有限公司成立于2002年，主营业务为光学镜头的设计、生产和销售。

8月24日　厦门圣元环保股份有限公司（以下简称"圣元环保"，证券代码：300867）在深交所上市，成为福建省首家通过注册制登陆创业板的上市公司。圣元环保成立于1997年，总部位于厦门市，主营业务为城镇固液废专业化处理，包括生活垃圾焚烧发电和生活污水处理等项目的投资建设、运营管理及维护。

9月8日　福建福昕软件开发股份有限公司（以下简称"福昕软件"，证券代码：688095）在上交所科创板上市。福昕软件是全球第二大PDF技术解决方案开发商和供应商，直接用户超过5.9亿户，遍及世界200多个国家和地区。

10月26日　欣贺股份有限公司（以下简称"欣贺股份"，证券代码：003016）在深交所上市，厦门迎来2020年第5家A股上市公司。欣贺股份成立于2006年，2012年完成股改，正式更名为欣贺股份有限公司。欣贺股份系中外合资股份有限公司，注册资本为3.2亿元人民币。

10月27日　厦门银行股份有限公司（以下简称"厦门银行"，证券代码：601187）在上交所上市，开启了福建城商行登陆资本市场的先河。厦门银行是2020年A股首家上市的银行。厦门银行成立于1996年，2008年引进富邦银行（香港）作为战略股东，成为大陆首家具有台资背景的城市商业银行。

10月29日　金辉控股（集团）有限公司（以下简称"金辉控股"，证券代码：09993.HK）正式在香港交易所挂牌上市。金辉控股为大型地产开发商，由林定强于1996年在福建福州创立，2009年总部迁往北京。

10 月 29 日　国安达股份有限公司（以下简称"国安达"，证券代码：300902）在创业板上市。公司主营自动灭火装置的研发、生产及销售，致力于火灾早期探测预警、自动灭火技术的研究与应用开发。主要产品为新能源汽车电池箱、客车发动机舱自动灭火装置。

10 月 30 日　世茂服务（00873.HK）正式在香港联合交易所主板挂牌上市。这也是许氏家族继世茂集团、世茂股份后迎来的第三家上市公司。世茂服务为世茂集团附属子公司，是中国领先的综合物业管理及社区生活服务供应商，拥有超过 15 年的物业管理经验。

11 月 12 日　福建七匹狼集团有限公司通过旗下投资主体启诚资本投资的厦门狄耐克智能科技股份有限公司（以下简称："狄耐克"，股票代码：300884）在深交所上市。这也是继驴迹科技（01745.HK）、联赢激光（688518.SH）、圣元环保（300867.SZ）以及厦门银行（601187.SH）后，七匹狼集团体系 2020 年以来第五家挂牌上市企业。

11 月 17 日　宸展光电（厦门）股份有限公司（以下简称"宸展光电"，证券代码：003019）在深交所中小企业板上市。实际上，宸展光电是一家由外资控股的企业，实际控制人 Michael Chao-Juei Chiang（江朝瑞）为加拿大籍。宸展光电成立于 2015 年 5 月，是一家商用智能交互显示设备整体解决方案提供商，专注于定制化商用智能交互显示设备的研发、设计、生产和销售服务。

12 月 11 日　大唐集团控股有限公司（以下简称"大唐地产"，证券代码：02117.HK）于港交所正式挂牌。大唐地产于 1984 年由中国台湾第一代地产富商余英仪创立，在台湾首次开发了"大唐世家"项目。2010 年，大唐地产被福信集团战略整合，厦门女首富黄晞家族成为大唐地产的新主人。

12 月 15 日　舒华体育股份有限公司（以下简称"舒华体育"，证券代码：605299）在上交所上市。舒华体育成为继安踏、特步、贵人鸟、361°之后，又一家"晋江系"体育用品上市公司，也是

2020年首家上市的体育公司。

12月29日 厦门钨业（600549）公告披露，公司控股子公司厦门厦钨新能源材料股份有限公司在科创板上市的申请获审议通过。这意味着，厦门钨业成功分拆子公司上市。这是福建省首单分拆上市的成功案例。

二 国内收购、投资

1月5日 闽发铝业（002578）发布公告称，控股股东、实际控制人黄天火及一致行动人将共同向上饶市城市建设投资开发集团有限公司转让不超过总股本29.99%股份，转让完成后，公司控股股东将变更为上饶城投，实际控制人将变更为上饶市国资委。

1月10日 世茂集团就收购福晟集团地产板块的事宜在上海举办战略合作签约仪式。此次合作参与者为三方。"世茂方"为世茂集团和世茂海峡发展公司，"福晟方"为福晟集团，还有一方为东方资产管理有限公司，三方形成4∶3∶3股权比例的合作。

3月5日 紫金矿业（601899）晚间公告，公司对大陆黄金股份有限公司（以下简称"大陆黄金"）的收购于多伦多时间3月5日完成交割，紫金（美洲）黄金矿业有限公司持有大陆黄金100%股权。大陆黄金于多伦多时间3月6日正式从多伦多证券交易所退市。

3月17日 字节跳动有限公司成立新公司北京游逸科技有限公司。北京游逸科技有限公司注册资本100万元，法定代表人为严授，公司经营范围包括技术开发、技术咨询、从事互联网文化活动、演出经纪、广播电视节目制作、互联网信息服务、零售出版物等，由字节跳动有限公司全资持股。

3月30日 据报道，老虎环球基金入股字节跳动。知情人士透露，基于字节跳动股票最近在二级市场的交易价格，其估值已达到

900 亿美元至 1000 亿美元。

4 月 12 日 三棵树（603737）披露非公开发行股票预案，发行数量不超过 579 万股，发行价格为 69.04 元/股，募集资金总额不超过 4 亿元，扣除发行费用后将用于补充公司流动资金。此次非公开发行对象为公司控股股东、实际控制人洪杰。

4 月 16 日 字节跳动旗下成立演出经纪新公司——上海星睐文化传媒有限公司。上海星睐文化传媒有限公司注册资本为 100 万元，法定代表人为李飞，经营范围包括营业性演出，演出经纪，广告发布，广告设计、制作、代理等。

5 月 15 日 安井食品（603345）发布公告称，公司拟投资 6 亿元人民币建设华南生产基地项目，6 亿元资金主要用于购买土地使用权和机器设备、厂房建设、冷库建设及污水处理设施建设等。

5 月 16 日 全时成都官方公众号发布消息称，见福便利店与成都山海蓝图正式达成战略合作，成都山海蓝图全权委托见福经营管理成都地区门店，106 家门店全部加盟见福。

5 月 19 日 未来发展控股（01259.HK）发出公告称，卖方福建省青蛙王子化妆品有限公司（公司间接全资附属公司）与买方北京汇通达供应链管理有限公司订立股权转让协议，卖方有条件同意出售目标公司青蛙王子（福建）婴童护理用品有限公司全部股权，总代价为人民币 5000 万元。代价将于完成日期由买方以按等额基准将未偿还贷款抵销代价的方式悉数支付。在这 5000 万元的对价中，还包括公司在福建漳州总面积约 24253 平方米的地块，连同其上建筑面积约 55854 平方米的工业大厦。

5 月 28 日 福耀苏州研究院举行 2020 对外合作信息发布会。会上，福耀苏州研究院校企合作研发中心正式揭牌。福耀集团正将苏州项目当作除福清总部外的国内"第二总部"打造。

5 月 28 日 火锅生鲜便利店品牌——懒熊火锅，宣布完成数千

162

万元人民币融资，投资方为字节跳动。

5月29日 蔚来宣布将与战略投资者签署关于投资蔚来中国的最终协议，并与合肥经济技术开发区就蔚来中国总部入驻达成协议。根据投资协议，战略投资者将向蔚来中国投资人民币70亿元。

6月5日 福耀玻璃发布公告称，拟对其子公司福耀（香港）有限公司增资6500万欧元，用于补充福耀香港旗下位于德国的公司——FYSAM Auto Decorative GmbH 的流动资金。

6月7日 紫金矿业（601899）公告称，拟以38.83亿元现金收购西藏巨龙铜业有限公司（简称"巨龙铜业"）50.1%股权，后者拥有中国最大铜矿。

6月16日 三安光电（600703）决定在长沙高新技术产业开发区管理委员会园区成立子公司，投资建设包括但不限于碳化硅等化合物第三代半导体的研发及产业化项目，投资总额为160亿元。

6月25日 理想汽车获得5.5亿美元D轮融资，其中美团领投5亿美元，本轮估值40.5亿美元。此前在2019年8月，王兴已经向理想汽车投资3亿美元（2.85亿美元为王兴个人出资，剩余部分为美团旗下基金出资）。2020年7月30日，理想汽车在美国纳斯达克上市，此次上市过程中，美团认购3亿美元，字节跳动认购3000万美元，王兴认购3000万美元。这意味着，美团和王兴在理想汽车上的投入总额高达11.3亿美元。

7月3日 宝龙地产（01238.HK）公告称，公司间接附属南京晋龙透过招标已成功收购位于中国南京市玄武区地块的土地使用权，代价为人民币40.8亿元。

7月3日 中国利郎有限公司（01234.HK）发布公告，向213位符合资格的雇员授了1150万股购股权，以认购公司股份。行使价为每股4.31港元，有效期10年。

7月6日 宝龙商业（09909.HK）发布公告称，公司全资附属

公司上海御龙物业管理有限公司有条件同意收购浙江星汇商业管理有限公司60%股权。浙江星汇商管主要从事零售商业物业营运及管理。

7月6日 福建纵腾网络有限公司宣布完成C1轮5亿元融资。本轮融资由泰康人寿领投,厦门建发、浙商创新资本、福州金控、安诚资本跟投。华兴资本担任本轮融资独家财务顾问。

7月15日 据上交所消息,冠城大通(600067)成功发行2020年面向合格投资者公司债券(第一期)。

7月16日 361°(01361.HK)发布公告称,附属公司与晋发股权及浙江盈实股权投资基金管理合伙企业(有限合伙)订立协议,成立一家有限合伙企业。同日,合伙企业与多一度(泉州)订立增资协议,以现金方式投资11亿元。

7月23日 敏华控股(01999.HK)公告称,集团控股股东、主席及执行董事黄敏利,以每7.68港元配售所持最多1.06亿股该公司普通股,占已发行股本的2.8%。

7月31日 泰禾集团发布公告称,与万科下属公司签订股权转让框架协议,在满足交易前提下,转让19.9%股份,转让价格为每股人民币4.9元,对应总对价约为人民币24.3亿元,万科将成为泰禾集团的第二大股东。

7月31日 永辉超市股份有限公司(601933)发布公告披露,公司与董事张轩宁于福建省福州市签订《永辉云创科技有限公司股权转让协议》,张轩宁以约3.8亿元的价格向公司转让永辉云创科技有限公司(以下简称"永辉云创")20%的股权。

8月11日 京东集团正式完成对厦门见福连锁管理有限公司的战略投资,这也是京东集团首次战略投资连锁便利店。

8月11日 宁德时代(300750)发布公告称,公司拟围绕主业,以证券投资方式对境内外产业链上下游优质上市企业进行投资,投资总额不超过190.67亿元,其中境外投资总额不超过25亿美元。

8 月 12 日 字节跳动以 5 亿元对价完成对百科名医的全资收购。据悉，百科名医成立于 2010 年 5 月，专注权威医学科普知识内容的制作与应用，是"国家卫健委权威医学科普项目"唯一指定网站。

8 月 18 日 盼盼食品全系列产品精深加工生产基地项目签约仪式在南湖宾馆举行。根据协议，盼盼食品集团将投资 20 亿元，在襄州区建设盼盼食品全系列产品精深加工生产基地项目。该项目包括盼盼烘焙、膨化、曲奇、威化等健康休闲食品和各类饮品，项目建成达产后，预计每年可精深加工各类农副产品 10 万吨，年产休闲食品 3 万吨、各类饮品 36 万吨。

9 月 9 日 阳光城集团股份有限公司（000671）（以下简称阳光城）发布公告称，泰康人寿保险有限责任公司（以下简称泰康人寿）及泰康养老保险股份有限公司（以下简称泰康养老）与阳光城第二大股东上海嘉闻投资管理有限公司（以下简称上海嘉闻）签订《股份转让协议》，约定泰康人寿及泰康养老通过协议受让的方式，从上海嘉闻受让阳光城 13.53% 的股份，共计 554710264 股，其中泰康人寿受让 8.53%、泰康养老受让 5.00%。

9 月 14 日 先导智能（300450）发布公告称，拟通过定增募资不超过 25 亿元，宁德时代（300750）将认购全部定增股份。定增完成后，宁德时代持有先导智能 7.29% 的股权，成为第二大股东。

9 月 19 日 美图公司（01357.HK）与厦门火炬集团举行签约仪式，美图公司全资子公司美图之家斥资 3.59 亿元从厦门火炬集团购入一栋 24 层的办公大楼，这栋命名为"美图大厦"的办公楼将成为美图公司的新总部。

12 月 8 日 永福股份（300712）发布公告称，公司控股股东博宏投资、恒诚投资、博发投资与宁德时代签署《股份转让协议》，拟将其所持有的公司 1457 万股股份（占比 7.9998%）协议转让给宁德时代（300750）。宁德时代成为永福股份的第三大股东。

12月15日 富春股份公告称，公司与控股股东福建富春投资有限公司（以下简称"富春投资"）签订股权转让协议，富春股份拟将其全资子公司成都摩奇卡卡科技有限责任公司（以下简称"摩奇卡卡"）100%股权转让给富春投资，本次交易价格4250.65万元。由于4年前的收购价格为8.8亿元，此次交易引起了深交所关注并下发关注函，要求说明公司是否存在利用关联交易调节利润等情况。

12月22日 南威软件旗下全资子公司福建南威政通科技集团（以下简称"南威政通"）有限公司拟收购其控股子公司深圳太极云软技术有限公司36.2049%的股权，交易合计7240万元，收购后，南威政通持股比例达97.2016%。

三 跨国并购、合作

3月4日 睿古集团与东盟国际信托公司举行了战略合作签约仪式。签约双方达成共识，将携手研讨聚焦海外信托产品设计、资金融通、信用管理以及资产证券化等业务，助力睿古集团文旅项目和"一带一路"沿线项目扬帆起航。

3月13日 盛屯矿业拟通过全资子公司旭晨国际有限公司，以现金方式收购恩祖里铜矿有限公司（Nzuri Copper Limited）100%的股权，交易金额约1.14亿澳元（约合人民币5亿元）。

3月30日 瑞幸咖啡发布消息，与国际著名卡通形象品牌LINE FRIENDS达成战略合作。双方将联手推出食品、潮品等多品类联名商品，并将打造瑞幸咖啡LINE FRIENDS线下主题店。

4月26日 紫金矿业海外最大金矿波格拉金矿特别采矿权延期申请遭巴布亚新几内亚政府拒绝。随后，巴布亚新几内亚总理马拉佩发表声明，表示政府依法拒绝波格拉金矿经营公司——BNL关于将采矿证延期 20 年的申请。

6 月 16 日 抖音和今日头条母公司字节跳动已经在新加坡竞标数字银行牌照，寻求将其广泛的业务组合扩大到银行业，同时正在与新加坡颇具影响力的李氏企业家族磋商战略合作事宜。李氏家族是东南亚第二大银行华侨银行的创始家族之一。

7 月 10 日 宁德时代发布公告称，公司与 Honda（本田技研工业株式会社）签署战略合作协议。通过这次合作，Honda 与宁德时代的合作伙伴关系得到强化，未来双方将共同研发高新电芯，致力于进一步提升能量密度，缩短充电时间。

7 月 16 日 德国知名厨房品牌博德宝宣布被中国九牧集团的德国子公司 Jomoo Germany 收购。博德宝创立于 1892 年，主要生产各类高端厨具，目前业务覆盖全球超过 70 个国家。

8 月 5 日 梅赛德斯-奔驰与宁德时代宣布双方将在电池技术领域进一步强化合作关系。搭载宁德时代电池模组，梅赛德斯-奔驰的电动豪华轿车 EQS 将于明年推出，WLTP 续航里程将超过 700 公里。

11 月 25 日 瑞士企业雀巢在官网宣布，同意向 Food Wise 有限公司出售银鹭花生奶和银鹭罐装八宝粥在华业务，本次交易包括银鹭食品集团位于福建、安徽、湖北、山东和四川五家企业的全部股权。Food Wise 有限公司为银鹭创始人陈清水家族的控股公司。

12 月 15 日 下午，福建国航远洋运输（集团）股份有限公司与俄罗斯埃尔加煤炭公司关于"埃尔加煤炭进口中国"的战略合作签约仪式在上海大厦二楼香宫厅举行。仪式现场采用"云签约"方式，分为线下和线上两大会场。

四 企业合作、升级及调整

1 月 9 日 美图公司创始人兼 CEO 吴欣鸿在公司 2020 年会上表

示，2020年美图将重点在消费者社区、美妆行业、海外业务三个方向发力，而美图未来三年将在继续赋能影像、美妆和皮肤管理行业的同时，逐渐布局医美行业。

2月16日 福光股份发布公告称，刘笑生不再担任公司财务总监职务，董事会同意聘任谢忠恒为公司财务总监。

3月12日 字节跳动创始人张一鸣发出内部信，宣布公司组织全面升级。内部信宣布张利东和张楠分别任职字节跳动中国董事长和CEO，负责字节跳动中国业务的发展。同时，作为字节跳动全球CEO，张一鸣将在全球化企业管理研究，企业社会责任，以及教育等新业务方向上做更多战略思考和组织领导。

3月20日 泰禾集团发布公告，财务总监姜明群将赴控股股东泰禾投资集团有限公司（以下简称"泰禾投资"）任职；同时，泰禾投资董事王伟华获聘泰禾集团新任财务总监。

4月14日 永辉超市的运营主体永辉超市股份有限公司发生经营范围变更。永辉超市经营范围新增了西药销售、中药销售、互联网药品交易服务、网上贸易代理、互联网零售、信息服务业务、互联网接入服务业务、互联网数据中心等业务。

4月15日 美图公司正式发布美图魔镜Online。至此，美图魔镜同时支持线下、线上试妆服务。

4月23日 明发集团发布公告，创始人黄焕明辞任公司非执行董事、董事会主席兼公司授权代表各职务，不再担任任何职务。但是，黄焕明依旧持股83.7%。2016年停牌以来，明发集团一度延迟刊发集团的业绩和年报，如今的人事变动，或是为了符合复牌条件。

6月1日 康佳集团与网龙网络公司签署了战略合作协议，并推出智慧教育产品——"康佳-普罗米修斯智能教育平板"。网龙公司创始人兼董事长刘德建表示，这是网龙和康佳的首个合作成果，凝聚了"中国智造"和数字教育"中国方案"的力量。

6月1日 宝龙地产午间公告，陈德力先生获委任为公司的联席总裁，自 2020 年 6 月 1 日起生效；同时，陈德力先生亦获委任为公司非全资附属公司宝龙商业的行政总裁。

6月5日 三安光电股份有限公司与 TCL 华兴光电技术有限公司在深圳正式签约，宣布共同投资成立具有独立法人资格的联合实验室，利用双方优势，重点攻克 Micro – LED 显示工程化技术，包含 Micro – LED 芯片技术、转移、Bonding、彩色化、检测、修复等关键技术难题，并实现 Micro – LED 显示的商业化规模生产。

6月8日 中国民生投资股份有限公司（以下简称"中民投"）最新一届董监事会名单披露，林腾蛟出任董事会副主席。

6月9日 陆正耀辞去神州租车董事会主席及非执行董事的职务。

6月12日 宁德时代公告称，公司非公开发行股票的申请获得证监会审核通过。根据定增方案，拟募集资金不超过 197 亿元，用于宁德时代湖西锂离子电池扩建项目、江苏时代动力及储能锂离子电池研发与生产项目（三期）等五大项目。

6月上旬 字节跳动成立电商事业部，国际化产品负责人康泽宇（Bob）调任电商事业部，担任事业部负责人。这一变化，意味着电商已明确成为字节跳动的战略级业务。

6月18日 赛特新材董事会、监事会完成换届，汪坤明保留董事长一职，不再担任总经理，严浪基被聘为新的总经理。

6月21日 361°成为杭州 2022 年第 19 届亚运会官方体育服饰合作伙伴。

6月24日 "世茂房地产控股有限公司"更名为"世茂集团控股有限公司"，（以下简称"世茂集团"）。同时，世茂集团在联交所买卖的中文股份简称将由"世茂房地产"更改为"世茂集团"，英文股

份简称将由"SHIMAO PROPERTY"更改为"SHIMAO GROUP",证券代码(00813.HK)保持不变。

6月29日 禹洲集团发布公告称,公司名称由禹洲地产股份有限公司更改为禹洲集团控股有限公司,中文股份简称由"禹洲地产"正式更改为"禹洲集团",以反映公司长期业务策略及有效宣传企业形象以推动日后业务发展。

6月29日 恒安集团联手阿里巴巴集团构建的营销中台项目开工会在恒安集团管理学院举行,强强携手,打造数智营销的"中枢大脑"。

7月16日 361°发布公告称,其附属公司与晋发股权及浙江盈实股权投资基金管理合伙企业(有限合伙)签订有限合伙协议,协定在中国成立一家有限合伙企业。

7月26日 字节跳动正式上线了"瓜瓜龙语文"教育产品,这也是继3月7日推出"瓜瓜龙英语"、4月11日上线"瓜瓜龙思维"后,字节跳动打造的第三款"瓜瓜龙"系列产品。

8月4日 361°宣布,李苑辉已辞任独立非执行董事,并不再担任审核委员会主席及提名委员会成员;胡明伟已获委任为独立非执行董事以及审核委员会主席及提名委员会成员;蔡敏端已辞任公司秘书及首席财务官,且不再担任上市规则第3.05条项下之公司授权代表;李苑辉已获委任为公司秘书、首席财务官及上市规则第3.05条项下之公司授权代表。

8月10日 字节跳动已为旗下松鼠证券在香港申请商标注册,并开始招聘员工,计划进军香港金融业。

8月14日 安记食品发布公告称,林肖芳辞去总经理职务,同时聘任林润泽为公司总经理,任期与第三届董事会任期一致。

12月8日 位于海沧东孚见福产业园区的见福烘焙品牌"美识家"烘焙工厂正式投产,其产品将在200家见福门店同时上架。这也意味着，见福产业链由"数字零售"延伸到了"制造业"。作为福建最大的连锁便利店品牌，见福便利店早已是国内区域便利店的代表之一。在中国连锁经营协会发布的"2020年中国便利店TOP100榜单"中，见福便利店位列第10。

12月23日 九牧王集团董事长林聪颖在2020中国服装协会裤业专业委员会年会上表示，九牧王原英文LOGO"JOEONE"将会被替换为中文"九牧王"，未来九牧王将不再使用英文LOGO。目前九牧王官网已经将LOGO改为中文。

12月24日 安踏集团安鑫体育用品有限公司四川生产基地项目签约仪式在资阳成功举行。项目选址四川安岳经济开发区，总投资约6亿元，总建筑面积约15万平方米，一期建成约8万平方米，包含配套12条成型线厂房、仓库、配套工艺、底厂及综合楼、宿舍等。四川生产基地建成后，五至八年内将实现年生产能力约1000万双运动鞋，年产值约8亿元，全面达产后年创税将达3500万元以上，解决3000～5000人就业，并将带动安岳县物流、餐饮、商贸、房地产等行业发展。

五 财富、品牌榜单

3月9日 胡润研究院发布"2020胡润全球少壮派白手起家富豪榜"，榜单统计了全球40岁以下（含40岁）且白手起家的10亿美元企业家。福建企业家中，张一鸣和王兴一起进入榜单。

3月16日 胡润研究院发布"2020胡润全球白手起家女富豪榜"，福建有4人上榜。福建女首富瑞幸咖啡创始人钱治亚以120亿元财富位列榜单第42位，此外还有安踏体育丁雅丽、福信集团黄曦、阳光城吴洁三位女企业家上榜。

3月17日 由中国企业评价协会、清华大学房地产研究所和中

指研究院三家研究机构共同组成的"中国房地产TOP10研究组",在北京举办"2020中国房地产百强企业研究成果发布会暨第十七届中国房地产百强企业家峰会"。睿古地产集团荣膺"2020年中国房地产百强企业"第85名,并一举摘下"2020中国房地产百强之星"和"2020年中国文旅地产优秀运营企业"两项大奖。

3月20日 胡润研究院发布"2020胡润全球房地产富豪榜",共有256位10亿美元地产企业家上榜,其中至少有11位闽籍房地产富豪。世茂集团的许荣茂家族以1050亿元财富排名第11位,远东集团的黄志祥、黄志达兄弟以420亿元财富位居32,正荣集团的欧宗荣家族以370亿元财富排在第43位,旭辉集团的林中家族以340亿元财富排名第49位,城市发展的郭令明家族以320亿元财富排在第51位,联邦的林张素娥家族以290亿元财富排在第57位(林张素娥为已故联邦创始人、祖籍石狮的林荣三遗孀),世纪金源的黄如论家族以290亿元财富位居59,融侨集团的林宏修家族以250亿元财富位居72,金辉集团的林定强家族以240亿元财富位居74,泰禾集团的黄其森家族以200亿元财富排在第99位。

4月6日 胡润研究院发布《疫情两个月后全球企业家财富变化特别报告》,研究胡润全球富豪榜上的企业家在截至2020年3月31日的两个月内的财富变化。全球百强企业家中,86人的财富明显减少,只有9人的财富在过去两个月里有所增长,而且全部来自中国。闽商中,世茂集团许荣茂家族以1050亿元人民币的财富总量蝉联福建首富。

4月13日 《财富》中文版发布"2020年中国最具影响力的50位商界领袖榜单"。闽商张一鸣、曹德旺、王兴入榜。张一鸣是榜单中最年轻的一位企业家,也是闽商中名次最高的一位。

4月16日 Wind发布了一季度"中国上市企业市值500强榜单"。美团点评以4979亿元的总市值,位居总榜单第14名,也是入围该榜单市值最高的闽籍企业。入榜的闽企前三名还有以 3305 亿元排名第 24 的兴业银行和以 2659 亿元排名第 36 的宁德时代。

5 月 10 日 2020 中国品牌价值评价信息发布会上，安溪铁观音在 800 多个品牌中脱颖而出，以 1426.86 亿元位列区域品牌（地理标志产品）价值第一。这是安溪铁观音连续第五年名列全国茶叶类区域品牌价值第一。

5 月 13 日 福布斯发布"第 18 期全球企业 2000 强榜单"。据不完全统计，有至少 17 家福建企业上榜。其中，兴业银行位列榜单第 57、紫金矿业第 778 名、美团点评第 806 名、旭辉控股集团第 908 名、宁德时代第 943 名、阳光城第 1082 名、安踏体育第 1184 名、永辉超市第 1280 名、融信中国控股第 1368 名、厦门国贸第 1529 名、厦门象屿第 1574 名、恒安国际第 1638 名、泰禾集团第 1666 名、宝龙地产第 1679 名、达利食品第 1843 名、中骏集团控股第 1851 名、禹洲地产第 1905 名。

6 月 9 日 中国连锁经营协会发布了"2019~2020 年中国时尚零售企业百强榜"，包括安踏在内的至少 11 家闽企上榜。安踏体育用品有限公司以 339.28 亿元的营收列榜单的第 5 位，特步第 21 位，拉夏贝尔第 24 位，361°第 28 位，都市丽人第 37 位，利郎第 39 位，七匹狼第 40 位，九牧王第 55 位，达芙妮第 74 位，贵人鸟第 82 位，卡宾第 89 位。

6 月 16 日 第十七届（2020）中国慈善榜正式发布。许荣茂、姚志胜以及黄如论、黄涛父子四位闽商上榜，曹德旺创办的河仁慈善基金会获评 2020 中国慈善榜"榜样基金会"。

6 月 30 日 21 数据新闻实验室发布了最新的"2020 年中国市值 500 强榜单"，榜单揭晓了 2020 年上半年中国上市企业市值排名。榜单显示，美团点评、宁德时代、兴业银行、安踏体育等 22 家闽籍企业入选该榜单。

7 月 1 日 英国《银行家》杂志发布"2020 年全球银行 1000 强

榜单"，兴业银行按照一级资本排名第 21 位，较去年上升 2 位，按照总资产排名第 27 位，较去年上升 1 位，连续 4 年稳居全球银行 30 强。

7 月 20 日 "2020 年中国印刷包装企业百强排行榜" 揭晓，福建省共有 16 家印刷企业入选。厦门合兴包装印刷股份有限公司以年销售收入 107 亿元再登榜首。其余上榜的福建印刷企业分别为：厦门吉宏科技股份有限公司（第 11 位）、昇兴集团股份有限公司（第 16 位）、厦门保沣实业有限公司（第 21 位）、达利食品集团有限公司（第 50 位）、泉州金百利包装用品有限公司（第 51 位）、福建南王环保科技股份有限公司（第 58 位）、鸿博股份有限公司（第 67 位）、福建华发包装有限公司（第 76 位）、祥恒（莆田）包装有限公司（第 78 位）、福建泰兴特纸有限公司（第 85 位）、易联众信息技术股份有限公司厦门市思明分公司（第 88 位）、福建省文松彩印有限公司（第 95 位）、厦门安妮股份有限公司（第 96 位）、福建中粮制罐有限公司（第 99 位）、漳州市天辰纸品包装有限公司（第 100 位）。

7 月 30 日 胡润研究院首次发布 "2020 胡润中国 10 强电商"，按照企业市值或估值进行排名，列出了中国 10 强本土电商企业。阿里巴巴以 4.1 万亿元的价值登顶，美团点评以 9190 亿元价值排名第二。

7 月 31 日 《中国房地产报》、中国房地产网、中房智库联合发布了 "2020 中国房地产品牌价值排行榜"，世茂集团进入榜单前十。同时上榜的还有阳光城、正荣集团、世纪金源集团、金辉商业等闽系房企。

8 月 10 日 财富中文网发布了最新的《财富》世界 500 强排行榜。入榜的福建企业有 5 家，分别是兴业银行、厦门建发、厦门国贸、厦门象屿和阳光龙净。

8 月 27 日 福建省工商联发布了 "2020 福建省民营企业 100 强

榜单"及"2020福建省民营企业制造业50强榜单",同时发布《2020福建省民营企业100强分析报告》和《2020福建省民营企业社会责任报告》。榜单显示,2020福建省民营企业100强上榜门槛是18亿元,比上年增加2.94亿元,增幅高达19.52%。

9月10日 全国工商联发布"2020中国民营企业500强榜单""2020中国制造业民营企业500强榜单""2020中国服务业民营企业100强榜单"。福建省有21家企业入选2020中国民营企业500强、15家企业入选制造业500强、6家企业入选服务业100强。

9月27日 福布斯发布"中国汽车富豪榜",列出了排名前25位的汽车行业富豪,宁德时代董事长曾毓群以158亿美元身家排名第一,同样来自宁德时代的裴振华以42亿美元排名第8、李平以33亿美元排名第13。曹德旺以28亿美元身家,与蔚来汽车创始人李斌并列第15。

10月12日 "胡润百富"微信号公布了"2020胡润中国10强消费电子企业",列出中国本土消费电子10强企业。消费电子指消费者日常生活使用的电子产品,主要指智能手机及各类可穿戴设备等。正式于2011年成立的厦门企业盈趣科技,以270亿元价值排名第8。

10月20日 胡润研究院发布"2020胡润百富榜"。在2398位财富超过20亿元的企业家中,有105位来自福建。其中,来自福建龙岩的王兴,以1700亿元身家坐上了福建首富的席位。

11月5日 "2020福布斯中国富豪榜"正式发布,本次榜单共有400名富豪上榜。按居住城市计算,福建总共有25位富豪入榜,宁德时代曾毓群以1341.2亿元成为福建富豪榜新首富,同为宁德时代的黄世霖以607.2亿元位列第二,来自泉州的许世辉家族以593.9亿元排名第三。

11月20日 福建省企业与企业家联合会联合福建省社会科学院发布了"2020福建企业100强榜单"。从榜单来看,今年福建百强企业的入围门槛为70.47亿元,比上年增加了12.55亿元。其中,福州

上榜企业 45 家，占 45%；厦门上榜企业 30 家，占 30%。此外，泉州上榜企业 9 家，占 9%；宁德、漳州、龙岩、三明、南平地区共计上榜 16 家。

11 月 25 日　"2020 世茂海峡·胡润中国 500 强民营企业榜单"发布，福建有 19 家民营企业上榜，其中厦门 9 家，福州 5 家，泉州 2 家，宁德、莆田、南平各 1 家。19 家上榜企业分别为：宁德时代、安踏、三安光电、永辉超市、福耀玻璃、达利食品、恒安集团、亿联网络、阳光龙净集团、吉比特、安井食品、三棵树、大博医疗、宏发科技、瑞芯微、万利达、圣农集团、金达威、融侨。

11 月 27 日　由智联招聘联合北京大学社会调查研究中心共同发起的"2020 中国年度最佳雇主百强榜单"发布，福建有 4 家企业入选年度"百强雇主"，分别为：宁德时代新能源科技股份有限公司、三棵树涂料股份有限公司、安踏体育用品有限公司、阳光城集团股份有限公司。此外，福建网龙计算机网络信息技术有限公司、宁德新能源科技有限公司获得"2020 最具智造精神雇主"。

12 月 1 日　中国企业联合会、中国企业家协会表彰了 158 位 2019～2020 年度全国优秀企业家。福建省有 9 位企业家荣获 2019～2020 年度"全国优秀企业家"荣誉称号，他们是中国进出口银行福建省分行党委书记、行长王须国，福建永荣控股集团有限公司董事长吴华新，紫金矿业集团股份有限公司党委书记、董事长陈景河，中国电信股份有限公司福建分公司党委书记、总经理高金兴，兴业银行股份有限公司行长陶以平，宁德时代新能源科技股份有限公司董事长曾毓群，九牧集团有限公司党委书记、董事长林孝发，福建金源纺织有限公司董事长郑洪，厦门国贸控股集团有限公司党委书记、董事长许晓曦。

12 月 1 日　中国社会科学院竞争力研究中心财经战略研究院发布 2020 年县域经济综合竞争力评价结果，福建多个地区上榜。晋江

市、福清市、南安市、石狮市、惠安市、闽侯县、安溪县 7 地上榜
2020 年全国综合竞争力百强县（市），福州长乐区、马尾区、厦门翔
安区、同安区上榜全国百强新城区，厦门思明区、湖里区上榜全国综
合经济竞争力百强主城区，闽侯县、福清市、平潭县、南安市、晋江
市、罗源县上榜全国投资潜力百强县（市）。

六　闽商荣誉、奖项

1 月 6 日（当地时间）　闽商曹德旺得到美国政府的表彰。美国
俄亥俄州州长迈克·德万恩（Mike DeWine）、副州长乔恩·赫斯特
德（Jon Husted）在位于代顿市的福耀美国公司，代表俄亥俄州政府
向曹德旺颁发表彰信，表彰他对该州发展所做的杰出贡献。

9 月 8 日　全国抗击新冠肺炎疫情表彰大会在京举行，党中央、
国务院、中央军委对在抗击新冠肺炎疫情斗争中涌现出的先进个人和
先进集体进行表彰。我省民营企业中，圣农集团党委荣获"全国抗
击新冠肺炎疫情先进集体"，福建柒牌时装科技股份有限公司常务副
总裁洪炳文、福建永辉超市有限公司总经理陈颖荣获"全国抗击新
冠肺炎疫情先进个人"。

10 月 17 日　2020 年全国脱贫攻坚奖表彰大会暨脱贫攻坚先进事
迹报告会在京召开，在第七个"国家扶贫日"之际，圣农集团董事
长傅光明荣获全国脱贫攻坚奖（奉献奖）荣誉称号。

11 月 23 日至 24 日　全国工商联商会工作会议在南京举行。共
有 507 个商会被评为"抗击新冠肺炎疫情先进商会组织"，并获得通
报表扬，其中包括闽籍商会 50 个。

这 50 个闽籍商会中，异地闽籍商会 29 个，分别是：北京福建企
业总商会、天津福建商会、保定福建商会、晋城福建商会、内蒙古福
建商会、辽宁福建商会、吉林福建商会、黑龙江福建商会、上海福建

商会、徐州福建商会、连云港福建商会、盐城福建商会、镇江福建商会、嘉兴福建商会、台州福建商会、池州福建商会、江西福建总商会、泌阳福建石材行业商会、河南福建商会、湖北福建商会、湖北闽南商会、宜昌福州商会、咸宁福建商会、广东福建商会、广西福建总商会、重庆福建商会、四川福建商会、甘肃福建商会、宁夏福建总商会。

福建省内商会 21 个，分别是：福建省卫生用品商会、福建省民营企业商会、福建省军民融合企业商会、福州市民营企业家协会、福州市服装同业公会、福州市泉州商会、厦门市南安商会、厦门市湖北商会、厦门市青年企业家联合会、长泰县古农农场商会、晋江市英林商会、石狮市锦尚商会、南安市水头镇商会、三明市南安商会、莆田市中小企业商会、南平市建筑业协会、南平市青年民营企业家商会、龙岩市专用车行业商会、龙岩市青年企业家协会、宁德市青年宁商联合会、平潭综合实验区青年企业家商会。

11 月 25 日　福建省人民政府举行抗击新冠肺炎疫情表彰大会。大会表彰了一批福建省抗击新冠肺炎疫情先进个人、先进集体、优秀共产党员、先进基层党组织。其中，元翔（福州）国际航空港有限公司、福州海峡青年文化交流有限公司、福州民天实业有限公司党委、福州海峡出租车有限责任公司、福建网龙计算机网络信息技术有限公司党委、盛辉物流集团有限公司党委、蓝佳堂生物医药（福建）有限公司、福州春晖制衣有限公司党支部、福建启初软件有限公司党支部、中国铁路南昌局集团有限公司厦门车站、国网福建省电力有限公司厦门供电公司党委、厦门夏商集团有限公司、元翔（厦门）国际航空港股份有限公司党委、厦门烨映电子科技有限公司、三宝集团股份有限公司党委、漳州新南丰商业连锁有限公司、中国铁路南昌局集团有限公司漳州车务段、国网南安市供电公司、明溪县归国华侨联合会、福建省高速集团三明管理分公司、才子服饰股份有限公司、福建省闽铝轻量化汽车制造有限公司、宁德时代新能源科技股份有限公司党委、青拓集团有限公司、厦门金龙客车轻客事业部、中国邮政集团有限公司福建省福州邮区中心局党委、福建省归国华侨联合会联谊联络部，获得"福建省抗击新冠肺炎疫情先进集体"称号。

12月22日 中华全国工商业联合会发布《全国工商联关于对抗击新冠肺炎疫情做出优异成绩的先进民营企业予以表扬的通报》，对1000家抗击新冠肺炎疫情先进民营企业给予表扬，其中福建省30家民营企业榜上有名。它们分别是：美岭集团、福信集团有限公司、阳光城集团、金牌厨柜家居科技股份有限公司、永同昌集团、厦门盈趣科技股份有限公司、正荣集团、三棵树涂料股份有限公司、福建大东海实业集团、安踏体育用品集团、名城集团、祥兴集团股份有限公司、盼盼集团、三宝集团股份有限公司、武夷星茶业有限公司、国航远洋、福建龙马环卫装备股份有限公司、福建福安闽东亚南电机有限公司、三明宾馆、盛辉物流集团有限公司、福建永丰鞋业有限公司、春晖科技集团有限公司、福建点景科技股份有限公司、福建七匹狼实业股份有限公司、福建三叶集团有限公司、福建省爱迪尔实业股份有限公司、九牧厨卫股份有限公司、泉州英良石材有限公司、漳州科华技术有限公司、鸿星尔克实业有限公司。

12月29日 福建省科学技术奖励大会在福州举行，表彰在我省科技战线做出突出贡献的科技工作者。其中，福耀玻璃工业集团股份有限公司等完成的《复合功能化车载玻璃关键技术研发及产业化》项目，获得技术发明奖一等奖；宁德时代新能源科技股份有限公司完成的《动力电池快充关键技术及应用》项目，获得科技进步奖一等奖。

七 企业公益慈善

1月7日 第11届达利食品爱心敬老金发放仪式在惠安达利世

纪酒店举行。2020 年，达利食品发放 1000 万元，为当地 60 岁以上无退休金的老人送去温暖，约有近 9000 名老人获得达利食品的爱心敬老金。截至 2020 年，集团累计发放爱心敬老金超过 8000 万元，惠及对象近 9 万人次。

1 月 25 日 江苏福建商会荣誉会长、弘阳集团董事长曾焕沙捐赠的第一批抗疫物资抵达武汉。首期向武汉市黄陂区慈善会捐赠价值不少于 500 万元的医疗设备与物资，此外还捐赠 1000 万元设立抗击新冠肺炎疫情专项基金。

2 月 4 日 澳门张宗真先生设立人民币 1 亿元的光彩专项基金捐赠仪式在福建省工商联举行。

截至 2 月 17 日 据不完全统计，海外及港澳闽籍乡亲累计捐赠口罩 1315 万只、手套 486 万双、防护服 18.9 万套、护目镜 1.5 万副、体温器 4418 个，所有物资在此之前均已顺利运抵福州交付省红十字会。疫情发生以后，海外华侨华人通过各种渠道采购防疫物资发往中国各地。

2 月 20 日 字节跳动宣布再次向医务救助基金捐赠 5000 万元。至此，字节跳动医务救助基金总额已经达到 2.5 亿元。

2 月 20 日 根据福耀集团董事长、河仁慈善基金会创始人曹德旺先生的提议，河仁慈善基金会再捐赠 4000 万元，定向用于支持福州市抗击新冠肺炎疫情和助力小微企业发展。在此前的 1 月 30 日，曹德旺先生已提议河仁慈善基金会捐赠人民币 1 亿元，专项用于支持湖北省（7000 万元）、福建省（3000 万元）抗击新冠肺炎疫情。

2 月 21 日 黑龙江省福建商会共有 30 余家商会企业累计捐款合计 1 亿零 800 万元。其中，商会企业哈尔滨滨江房地产开发有限公司向福建省光彩事业促进会捐赠 1 亿元设立专项基金；会长企业哈尔滨禧龙国际商贸物流园区陆续捐款 200 万元。

2 月 24 日 安踏集团董事局主席丁世忠向湖北黄冈定点医院捐赠 2 台负压救护车和 17 台医用消毒机；向福建援鄂医疗队捐赠 1195

双保暖鞋、3000 件羽绒服和保暖服，总值约 200 万元。至此，安踏集团已累计捐赠款物约 3200 万元。

3月1日 爹地宝贝股份有限公司向连城县红十字会捐赠 1 万只口罩，有力地支持了革命老区农村基层一线人员防疫需求。

3月2日上午 承载着满满爱心，一支运载着 1784 箱海产品的车队从福州市马尾区发车，为奋战在抗疫一线的福建援助湖北医疗队送去"福鱼味"，该批物资由福建侨资企业捐助。

3月2日 世界福州十邑同乡总会在福州举行捐赠仪式，向福州市红十字会捐赠医用口罩 13 万只，价值 39 万元。

3月3日 劲霸男装旗下童装品牌 LITTLE HONG 捐赠 300 件新生儿衣服以驰援荆州市妇幼保健院。这是劲霸男装第 15 次驰援疫情的捐款捐物行动。劲霸男装已累计捐助人民币 410 万元、衣物 8298 件、口罩 1.5 万只、消毒液 500 升。

3月3日 作为第二代台商的宾联汽车集团董事长邹贤通过民间救援团队，以公司名义将价值 50 万元的防疫用品捐赠给了福州 7 家医院、泉州 2 家医院和福建支援武汉的医疗团队。

3月4日 恒安集团捐赠的价值 500 万元的物资顺利抵达湖北抗疫一线，供给湖北相关医院和福利院使用。这也是疫情发生以后，恒安集团捐赠的第六批物资，其中有安儿乐纸尿裤和 Q－MO 纸尿裤1183836 片，朵娅孕产妇用品 2214800 件，宜住防护服 3720 套。

3月14日 宝龙集团董事局主席许健康向母校侨声中学再捐 500 万元，助力家乡教育事业发展。至此，许健康已累计向侨声中学捐款 1800 多万元。

3月中旬 晋江籍企业——德晋集团、德晋慈善会分别向湖北捐赠 2000 万港元及 10 万只口罩，期望透过此举为湖北乃至全国打赢疫情防控阻击战献一份力。此外，陈荣炼个人已向福建海外联谊会捐赠人民币 100 万元，以及医用手套 10000 双、医用护目镜 5000 副、价

值 46 万元人民币的救护车一辆。

3 月 16 日 字节跳动医务救助基金发布公示，在不到一个月的时间里，共有 30231 位字节跳动员工向中国红十字基金会字节跳动医务工作者人道救助基金捐款，总计金额达到 17285026.73 元。同时，字节跳动公司也为这笔善款进行 1∶1 配捐。至此，字节跳动医务救助基金总金额增至 4.05 亿元。

4 月 2 日 据媒体报道，万科企业股资产管理中心宣布，将全部资产 2 亿股万科股票捐赠给清华教育基金会，并成立清华万科公共卫生与健康学院，以抗击新冠肺炎疫情为首个切入点，致力于流行病学、公共卫生管理等研究方向。万科创始人王石将出任学院理事会名誉理事长。按万科目前股价，2 亿股万科股票价值约 53 亿元。

6 月 22 日 2020 年中国慈善榜近期在北京发布，香港嘉祥交通（亚洲）集团董事局主席姚志胜被授予 2020 年中国慈善榜"年度慈善家"称号。姚志胜已为香港和内地公益事业捐款累计近 3 亿元，连续多年入选中华慈善奖最具爱心捐赠个人，荣获中国侨联捐赠公益事业突出贡献奖。

7 月 2 日 "鸿星助力·衣路有爱"爱心捐助签约仪式在厦门举行。会上，鸿星尔克向福建省残疾人福利基金会捐赠价值 1 亿元的服装。

8 月 3 日 福建省南安市远达石材有限公司董事长吴远游与南安市慈善总会常务副会长黄永俊签订《认捐善款协议书》，认捐 1000 万元设立南安市慈善总会远达慈善基金。该基金主要用于开展扶贫济困、文化教育等各类慈善公益活动。

9 月 2 日 河仁慈善基金会向福建、湖北、贵州三省捐赠仪式在福州市举行。捐赠仪式上，曹德旺宣布向福建、湖北、贵州三省捐赠 14 亿元，助力扶贫、救灾、医疗、教育等项目。其中，福建省 9 亿元，湖北省 3 亿元，贵州省 2 亿元。

9 月 7 日 宝龙集团许健康捐赠 1000 万元成立安海经竹公益慈

善基金会。该基金会成立后将广泛开展扶贫帮扶、助学助教、奖教奖学、改善生态环境、新农村建设等公益慈善活动。

9月17日 河仁慈善基金会向福清捐赠3.5亿元，用于福清市医院新院二期和福建师范大学附属福清德旺中学建设。这是福清有史以来接受的单笔最大捐款。

9月19日 宝龙集团在上海宝龙美术馆举行"因爱而立，同心致远"为主题的集团成立三十周年暨公益基金捐赠仪式。许健康公益基金会向复旦大学捐资5亿元，用于合作建设复旦大学国际临床医学中心项目。这次捐赠将为复旦大学上海医学院的人才教育培养提供更加强有力的支撑，为我国医疗健康事业输送更多人才。

10月30日 全国政协委员、信义玻璃控股有限公司董事局主席李贤义代表信义集团向张家港捐赠人民币1880万元。该款项将专门用于建设沙洲小学图书馆和购买消防云梯车，为张家港办好人民满意的教育、提升学校消防应急救援水平提供有力支持。

10月30日 由福建省光彩事业促进会主办的"2020年同心光彩助学捐赠暨选苗光彩基金成立仪式"在福州举行，248名家庭困难大学生获得助学金。选苗光彩基金由澳门爱国企业家吕联选先生出资1亿元在福州设立，主要用于支持福建省乡村振兴、教育卫生、扶贫济困等公益事业。

12月16日 福建省工商联消息，据不完全统计，约有6000多家闽籍企业和商会捐款捐物总计19.33亿元，在危难面前展现闽商担当、家国情怀，显示了化危为机的强大力量。

八　商会动态

1月2日 由四川省福建商会主办的以"守正创新　共赢未来"为主题的第二届川闽经济创新发展高峰论坛暨四川省福建商会成立十

五周年庆典在成都举行。

2月5日 上海市福建商会向广大在沪闽商发出倡议,大力弘扬闽商精神,积极作为,勇于担当,力所能及地向社会、向疫区、向家乡施以援手、捧出爱心,出钱出物解囊相助,同心同德抗击疫情。

4月15日 欧福联俄罗斯主席、俄罗斯中国闽南商会会长李振奋密切关注俄罗斯疫情动态,成立商会防疫情委员会,发布提示公告,提醒大家在特殊时期做好自我保护。

5月26日 福州市晋江商会举办"闽商联盟,带货赋能"首场直播带货活动。直播持续1.5小时,售卖了台湾食品、茶油、荣誉茅台酒、蜂蜜、红酒等十余种会员企业商品。据悉,福州市晋江商会青年联谊会将培训5名至10名青年主播,深入会员企业与晋江贫困农户,开展直播带货相关活动。

5月30日 怒江州福建商会第一届第一次会员大会在六库举行,陈端远当选为首届会长。目前,怒江州福建商会有51家会员企业。

5月31日 香港晋江社团在闽乡亲代表在晋江举行"撑国安立法"签名活动。香港晋江社团总会副主席苏欣欣表示,涉港国安立法将为国家主权、发展和利益保驾护航,有助于维护香港繁荣稳定,这是广大旅港乡亲共同的期待。

7月3日 福建省食品企业商会成立大会暨第一次会员代表大会在晋江召开,盼盼食品集团总裁蔡金钗当选为首任会长。

9月20日 徐州市福建商会第三届一次会员大会暨理(监)事会就职仪式在江苏徐州举行。徐钢集团董事局主席王爱钦连任会长。

9月25日 第三届全国青年企业家峰会在福建福州举行。本次峰会以"弘扬企业家精神 发挥生力军作用"为主题,由全国工商联、福建省人民政府共同主办。此次峰会还专题举办了福建省产业项目招商推介会,召开了"数字福建与数字经济""电动福建与新能源""'双循环'下的贸易新篇"三场平行论坛。

10 月 10 日　由福建省工商业联合会、福建省台湾同胞联谊会主办，全国工商联美容化妆品业商会医美教育专委会、福建省美容化妆品产业商会、台湾化妆品 GMP 产业发展协会等机构共同承办的以"扩大民间交流·深化融合发展"为主题的"第三届海峡两岸美业大健康产业论坛"，以线上直播、线下活动等方式在厦门成功举办。

11 月 14 日　"健康中国行动——乳腺肿瘤防治项目启动仪式暨粉红丝带乳腺肿瘤筛查体检车发车仪式"在福州举行。延续"普善 + 普惠"的公益理念，福建省女企业家商会定向捐赠 50 万元设立"福建省贫困妇女乳腺癌疾病防治项目基金"，联手福建省最优秀的乳腺肿瘤防治专家们，启动"粉红丝带乳腺肿瘤筛查体检车"八闽行。它将普惠于全省各地贫困妇女乳腺癌筛查及科普宣教活动，进一步推动福建"光彩·粉红行动"，并助力"健康中国行动"。

11 月 17 日　"福建企业海外投资风险管理论坛"在泉州举行。论坛上，福建省民营经济国际合作商会与中国出口信用保险公司福建分公司签订《关于共建"一带一路"海外风险保障机制战略合作协议》。

11 月 21 日　南通市通州福建商会成立大会在南通国际会议中心举行。江苏瑞爱福纺织科技有限公司董事长胡文彪当选首任会长。

11 月 26 日　建瓯工业园区商会举行第一届理监事会就职大会。建瓯市双龙戏珠酒业有限公司董事长黄德锋当选商会会长。

12 月 19 日　常州市福建商会三届三次会员大会暨十周年活动在江苏常州举办。

12 月 26 日　上海市福建商会第十一届第一次会员代表大会在上海召开，林腾蛟当选新一届会长。

九　经营不善、退市

2 月 24 日　拉夏贝尔服饰有限公司发布公告，旗下的男装品牌

杰克沃克已于 2020 年 2 月 21 日收到法院决定书，正式启动破产清算程序。

3 月 17 日 三五互联发布公告称，公司收到中国证券监督管理委员会厦门监管局出具的《关于对龚少晖采取出具警示函措施的决定》之《行政监管措施决定书》。

3 月 18 日 香港联合交易所有限公司发出通告称，自 3 月 23 日上午 9 时起，将取消浩沙国际（02200. HK）、一化控股（02121. HK）的上市地位。这两家来自福建的上市公司都未能在限期到期前复牌。

4 月 17 日 新加坡最大原油贸易商兴隆集团旗下 Hin Leong Trading 公司正式向法院申请破产保护。据了解，兴隆集团与 23 家银行存在债务关系，金额高达 38.5 亿美元。其中，最大的债权人汇丰银行为 6 亿美元，荷兰银行为 3 亿美元。而这些债务也将延期 6 个月偿还。

5 月 11 日 港交所上市食品饮料企业天喔国际发布公告称，上市委员会已决定根据上市规则取消天喔国际的上市资质。

5 月 15 日 纳斯达克通知瑞幸咖啡必须摘牌。根据瑞幸咖啡披露的公告，瑞幸咖啡被除牌的决定基于两个依据：一是根据纳斯达克交易所上市规则 5101，瑞幸咖啡于 4 月 2 日披露的虚假交易引起了公众利益的关注；二是根据纳斯达克交易所上市规定 5250，瑞幸咖啡在过去未能公开披露有效信息，并通过此前的商业模式进行了虚假交易。

5 月 18 日 拉夏贝尔公告称，其境外全资子公司法国 Naf Naf SAS 因无力清偿供应商及当地政府欠款，当地法院裁定其启动司法重整。公司丧失对 Naf Naf SAS 控制权，不再其将纳入公司合并报表范围。

5 月 19 日 福建省青蛙王子化妆品有限公司向北京汇通达出售个人护理产品业务青蛙王子（福建）全部股权，总价为 5000 万元人民币（约 5450 万港元）。这标志着福建的中国儿童洗护第一品牌"青蛙王子"正式从港股退出。

5 月 31 日 美团云服务对外运营了 59 个月后，正式停运。

6 月 29 日 瑞幸咖啡正式退市。此前，瑞幸声明称，全国 4000 多家门店依旧正常运营。

7 月 16 日 贵人鸟发布公告称，由于贵人鸟未能按期偿还借款本金及支付借款利息，兴业银行股份有限公司晋江青阳支行向泉州仲裁委员会提起仲裁申请，泉州仲裁委员会受理了该项仲裁申请。其中涉及的仲裁金额为 3.75 亿元（其中借款本金为 36890 万元，截至 2020 年 6 月 23 日的利息、罚息、复利等为 606.46 万元）及相应的律师费、仲裁费、保全费等。

11 月 13 日 天喔国际控股有限公司（01219.HK）从港交所退市。原因是该公司于 2018 年 8 月 13 日停牌后，未能在规定补救期内解决造成停牌的问题。

12 月 11 日 福建东百集团股份有限公司（600693）发布公告称，其全资子公司厦门东百购物中心有限公司宣告破产。

十 其他动态

1 月 12 日 福建省安溪县举办"好茶不贵"——安溪铁观音"新品牌计划"大会，福建省安溪县云岭茶业有限公司等首批近 10 家当地龙头茶企与新电商平台拼多多结成"安溪县茶产业新品牌联盟"。

1 月 20 日 金龙汽车（600686）发布公告，公司控股子公司厦门金龙联合汽车工业有限公司、厦门金龙旅行车有限公司于 1 月 17 日分别收到厦门市财政局转支付的 2017 年新能源汽车推广应用中央补助资金 6.6 亿元和 6.36 亿元，上述推广补贴款项合计为 12.96 亿元。

2 月 10 日 第 92 届奥斯卡金像奖颁奖礼在美国洛杉矶好莱坞举行。《美国工厂》获第 92 届奥斯卡最佳纪录长片奖。据媒体报道，导演 Steve Bognar 和 Julia Reichert 领奖时用中文说："谢谢曹德旺。"

该片讲述了中国福耀玻璃集团接手美国俄亥俄州一座废弃的通用汽车工厂，将其改为玻璃制作工厂并雇请上千位美国蓝领员工的经历，双方遭遇了一系列文化和制度差异引发的冲突。该片出品人为美国前总统奥巴马。纪录片播出后引发了广泛关注。

2月26日 由央视电影频道和全国工商联联合制作，主题为"风雨无阻向前进"的企业家系列公益短片在 CCTV - 6 电影频道和各大全媒体平台陆续发放和播出。应全国工商联邀请，恒安集团总裁许连捷、七匹狼董事长周少雄、盼盼食品集团董事长蔡金垵、鸿星尔克实业董事长吴荣照等 4 位闽商参加了此次的系列公益活动。

2月28日 七匹狼 CEO 李淑君在直播中销售七匹狼服装，直播一小时销售额就达到 38 万元，互动人数超过 13 万人次。

3月9日 宝龙地产交出了上市第十周年的成绩单，财报显示，2019 年宝龙地产维持高速增长，累计合同销售金额达人民币 603.5 亿元，同比增长 47.1%，实现合约销售面积 376.75 万平方米，较 2018 年同期增加约 33.5%。

3月27日 圣农集团 2019 年全年业绩出炉，数据显示，圣农集团 2019 年实现营业收入 145.58 亿元，同比增长 26.08%；实现净利润 40.93 亿元，同比增长 171.85%。2020 年，圣农集团在光泽县、浦城县、政和县共投资 20 亿元，启动项目 17 个。

4月24日 匹克体育 CEO 许志华在天猫开启了直播首秀，成绩可观，天猫统计数据显示，直播一个小时内的销售额超过 500 万元。

5月7日 盼盼食品长汀分工厂开启"溯源盼盼·工厂大揭秘"线上直播首秀，带网友参观生产过程，并配合系列促销活动，直播累计观看人数突破 12 万人次。

7月12日 龙岩卓越新能源股份有限公司（688196）东宝山厂发生爆燃事故，火情持续逾 40 小时，造成 2 人死亡、3 人受伤，直接经济损失达 837.88 万元。

11月1日　首个"厦门企业家日"活动在厦门举行。据悉，为贯彻落实上级关于做好新时代民营企业发展工作的重要指示精神，10月30日厦门市十五届人大常委会第38次会议审议，决定将每年的11月1日设为"厦门企业家日"，从法制层面对全市企业家给予肯定与褒扬。

11月6日　安踏体育（02020.HK）报收101.100港元，升4.50%，股价首次破百，创历史新高。这也是晋江上市公司股价的最高纪录。截至11月10日，安踏体育报收102.200港元，总市值达2746.58亿元。

11月9日　Lazada"一基地双中心"〔Lazada大学创业孵化基地、Lazada福建泉州分拨中心、Lazada跨境生态创新服务中心（福建泉州）〕在泉州正式启动。"一基地双中心"的启动将进一步发挥泉州多产业集群优势，助推闽商加速拓展东南亚市场。

11月23日　全国工商联商会工作会议在南京举办。爹地宝贝董事长林斌受邀参加此次会议，在第三十三期"德胜门大讲堂中"演讲"抗疫在行动，福建省卫生用品商会抗疫事迹"。

11月23日　消息称，厦门海峡黄金珠宝产业园已经提前完成2020年产值破百亿元的目标，成为厦门海沧第二家年产值超百亿元的企业。

12月22日　ST冠福（002102）发布公告称，公司近期收到福建证监局下发的《行政处罚及市场禁入事先告知书》。因涉嫌信息披露违法违规，中国证监会对ST冠福责令改正，给予警告，并处罚款30万元；对相应高管分别予以不同数额罚款。此外，还将对林文昌、林文智、林文洪、张荣华等人采取10年证券市场禁入措施。

12月25日　游族网络原控股股东、实际控制人林奇遭人投毒不幸逝世。12月28日，游族网络推举董事许彬代为履行董事长职务，推选副总经理陈芳代为履行公司总经理职务。2021年1月11日晚间，游族网络发布公告表示，林奇的股份将由其三个未成年子女继

承，公司实控人变更为三个子女的母亲许芬芬。

12月30日 上海市第二中级人民法院对前美国职业篮球运动员迈克尔·乔丹（Michael Jordan）诉乔丹体育公司、百仞贸易公司姓名权纠纷案做出一审判决。判决结果显示，乔丹体育公司公开在报纸和网络上向原告赔礼道歉，并澄清二者关系。乔丹体育公司停止使用其企业名称中的"乔丹"商号以及涉及"乔丹"的商标。同时，乔丹体育公司应赔偿原告精神损害抚慰金人民币30万元，以及原告因本案诉讼所支出的合理费用人民币5万元。而对于销售商百仞贸易公司，虽然不具备共同的侵权故意，但今后不得再销售侵权产品。

皮 书

智库报告的主要形式
同一主题智库报告的聚合

✤ 皮书定义 ✤

皮书是对中国与世界发展状况和热点问题进行年度监测，以专业的角度、专家的视野和实证研究方法，针对某一领域或区域现状与发展态势展开分析和预测，具备前沿性、原创性、实证性、连续性、时效性等特点的公开出版物，由一系列权威研究报告组成。

✤ 皮书作者 ✤

皮书系列报告作者以国内外一流研究机构、知名高校等重点智库的研究人员为主，多为相关领域一流专家学者，他们的观点代表了当下学界对中国与世界的现实和未来最高水平的解读与分析。截至2021年，皮书研创机构有近千家，报告作者累计超过7万人。

✤ 皮书荣誉 ✤

皮书系列已成为社会科学文献出版社的著名图书品牌和中国社会科学院的知名学术品牌。2016年皮书系列正式列入"十三五"国家重点出版规划项目；2013~2021年，重点皮书列入中国社会科学院承担的国家哲学社会科学创新工程项目。

权威报告·一手数据·特色资源

皮书数据库
ANNUAL REPORT(YEARBOOK)
DATABASE

分析解读当下中国发展变迁的高端智库平台

所获荣誉

- 2019年，入围国家新闻出版署数字出版精品遴选推荐计划项目
- 2016年，入选"'十三五'国家重点电子出版物出版规划骨干工程"
- 2015年，荣获"搜索中国正能量 点赞2015""创新中国科技创新奖"
- 2013年，荣获"中国出版政府奖·网络出版物奖"提名奖
- 连续多年荣获中国数字出版博览会"数字出版·优秀品牌"奖

成为会员

通过网址www.pishu.com.cn访问皮书数据库网站或下载皮书数据库APP，进行手机号码验证或邮箱验证即可成为皮书数据库会员。

会员福利

- 已注册用户购书后可免费获赠100元皮书数据库充值卡。刮开充值卡涂层获取充值密码，登录并进入"会员中心"—"在线充值"—"充值卡充值"，充值成功即可购买和查看数据库内容。
- 会员福利最终解释权归社会科学文献出版社所有。

社会科学文献出版社 皮书系列
SOCIAL SCIENCES ACADEMIC PRESS (CHINA)

卡号：**334483663994**

密码：

数据库服务热线：400-008-6695
数据库服务QQ：2475522410
数据库服务邮箱：database@ssap.cn
图书销售热线：010-59367070/7028
图书服务QQ：1265056568
图书服务邮箱：duzhe@ssap.cn

中国社会发展数据库（下设 12 个子库）

整合国内外中国社会发展研究成果，汇聚独家统计数据、深度分析报告，涉及社会、人口、政治、教育、法律等 12 个领域，为了解中国社会发展动态、跟踪社会核心热点、分析社会发展趋势提供一站式资源搜索和数据服务。

中国经济发展数据库（下设 12 个子库）

围绕国内外中国经济发展主题研究报告、学术资讯、基础数据等资料构建，内容涵盖宏观经济、农业经济、工业经济、产业经济等 12 个重点经济领域，为实时掌控经济运行态势、把握经济发展规律、洞察经济形势、进行经济决策提供参考和依据。

中国行业发展数据库（下设 17 个子库）

以中国国民经济行业分类为依据，覆盖金融业、旅游、医疗卫生、交通运输、能源矿产等 100 多个行业，跟踪分析国民经济相关行业市场运行状况和政策导向，汇集行业发展前沿资讯，为投资、从业及各种经济决策提供理论基础和实践指导。

中国区域发展数据库（下设 6 个子库）

对中国特定区域内的经济、社会、文化等领域现状与发展情况进行深度分析和预测，研究层级至县及县以下行政区，涉及省份、区域经济体、城市、农村等不同维度，为地方经济社会宏观态势研究、发展经验研究、案例分析提供数据服务。

中国文化传媒数据库（下设 18 个子库）

汇聚文化传媒领域专家观点、热点资讯，梳理国内外中国文化发展相关学术研究成果、一手统计数据，涵盖文化产业、新闻传播、电影娱乐、文学艺术、群众文化等 18 个重点研究领域。为文化传媒研究提供相关数据、研究报告和综合分析服务。

世界经济与国际关系数据库（下设 6 个子库）

立足"皮书系列"世界经济、国际关系相关学术资源，整合世界经济、国际政治、世界文化与科技、全球性问题、国际组织与国际法、区域研究 6 大领域研究成果，为世界经济与国际关系研究提供全方位数据分析，为决策和形势研判提供参考。

法律声明

"皮书系列"（含蓝皮书、绿皮书、黄皮书）之品牌由社会科学文献出版社最早使用并持续至今，现已被中国图书市场所熟知。"皮书系列"的相关商标已在中华人民共和国国家工商行政管理总局商标局注册，如LOGO（ ▊ ）、皮书、Pishu、经济蓝皮书、社会蓝皮书等。"皮书系列"图书的注册商标专用权及封面设计、版式设计的著作权均为社会科学文献出版社所有。未经社会科学文献出版社书面授权许可，任何使用与"皮书系列"图书注册商标、封面设计、版式设计相同或者近似的文字、图形或其组合的行为均系侵权行为。

经作者授权，本书的专有出版权及信息网络传播权等为社会科学文献出版社享有。未经社会科学文献出版社书面授权许可，任何就本书内容的复制、发行或以数字形式进行网络传播的行为均系侵权行为。

社会科学文献出版社将通过法律途径追究上述侵权行为的法律责任，维护自身合法权益。

欢迎社会各界人士对侵犯社会科学文献出版社上述权利的侵权行为进行举报。电话：010-59367121，电子邮箱：fawubu@ssap.cn。

社会科学文献出版社